KB161122

아침형인간

〔100 NICHI DE 「ASAGATA NINGEN」 NI NARERU HOUHOU〕
ⓒ Michiko Okamoto 2001 All rights reserved.
Original Japanese edition published by KODANSHA LTD.
Korean translation rights arranged with KODANSHA LTD.
through Tony International

20주년
특별판

인 생 을 두 배 로 사 는

아침형 인간

사이쇼 히로시 지음 | 최현숙 옮김

한스미디어

어젯밤에도 통제력을 잃고
쓸데없는 무언가에 빠져
잠들어야 할 때를 놓쳐버렸다.

다음 날이면 여지없이 찾아오는
후회와 자책감…….

몸은 천근만근이고,
머릿속은 안개 낀 듯 흐리멍덩하여,
하루 종일 어디에도 집중하지 못했고
그저 하루가 어떻게든 지나가기만을 바랐다.

그리고 다시 밤이 되면,
당장을 잊게 하는 무언가에 빠져들어
애써 현실을 외면했다.

잠 못 드는 밤과
우울하고 두려운 다음 날 아침이
반복되는 악순환이었다.

'더는 이대로는 안 되겠어!'

심각한 위기의식과 불안이 턱 끝까지 차올랐다.
그렇지만 어디서부터 어떻게 바로잡아야 할지
엄두가 나지 않았다.

전문의 '사이쇼 히로시'는 나에게
아주 단순하지만 강력한 처방을 내려주었다.

거창한 계획은 세우지 않아도 되니,
우선 30분만이라도 평소보다
일찍 일어나보라는 것이다.

처음에는 밤에 잠드는 것부터가 난관이었으나
사이쇼의 조언에 따라
밤잠을 설치게 했던 나쁜 습관들을 하나둘 끊어내고
일단은 일찍 일어나는 것에만 집중했다.

잘 자고, 조금 빨리 일어나는 것.
이 두 가지만 꾸준히 했을 뿐인데
컨디션이 몰라보게 좋아지기 시작하고
두려워하던 아침을 기다리게 되었다.

그리고 나는 마침내 잃어버렸던 아침을 되찾았다.
정신을 깨우는 상쾌한 아침 공기를 즐기게 됐고
아침 산책을 하며 그날 해야 할 일을 정리해보는 여유도 생겼다.

나는 이제 안다.
'아침형인간'으로의 변화는
모든 변화의 시작이라는 것을.

이제 당신 차례다.

지금 당장,
새로운 아침을 맞이하자.

무한한 에너지를 품은
찬란한 아침이 당신을 기다리고 있다.

수백만 독자가 먼저 경험한
'아침형인간'의 기적!

몸과 마음이 건강한 삶으로 안내한다

무언가에 빠져서 헤어 나오지 못하는 삶은 그 자체로 인생을 갉아먹는 것과 같다. 확실히 나는 나의 꿈을 위해서 자신을 바꿔야겠다는 생각으로 이 책을 한 글자 한 글자 읽어 내려갔다. 그리고 오늘 아침 나는 상쾌한 기분으로 아침을 맞이하였다. 아침 공기의 산뜻함과 함께 무언가 해내었다는 마음이 나에게 활력을 불러일으켰다. 이 책은 아침형인간이 되기 위한 효과적 방법과 성공 사례뿐만 아니라 운동과 식사 역시 강조하고 있다. 이 점에서 저자는 아침형인간을 주제로 한 건강한 삶에 대해 이야기하고 있음을 알 수 있다. 그러므로 건강한 삶을 추구하고자 하는 사람이라면 반드시 읽기를 추천하는 바이다.

-예스24 독자

내 인생의 두 번째 기회를 만났다

너무 과장된 말일 수 있지만 나는 이 책을 읽고 머리를 '덩' 하고 맞은 기분이 들었다. 이 책을 한 장 한 장 넘기면서 '그래 맞아' 끄덕끄덕 공감하는 부분이 많았다. 그리고 잊고 있던 내 자신이 떠올랐다. 나는 원래 아침을 좋아하는 사람이었다. 상큼한 새벽 공기, 약간 쌀쌀한 듯한 아침만의 시원하고 깨끗함, 머리가 뻥하고 뚫릴 것 같은 아침의 느낌을 좋아했지만 회사 생활이라는 굴레 속에서 잊고 산 것이 사실이다. 이 책을 계기로 나는 다시 아침형인간을 실천 중이다. 일주일 동안 아침잠을 30분 줄이고 15분 동안 산책을 해보니 그날 하루가 조금씩 달라지고 있는 기분이다. 계속해서 실천한다면, 어쩌면 이 책이 내 인생의 두 번째 기회가 될 수도 있다고 믿는다.

-교보문고 독자

시간의 쳇바퀴에 휘말리지 않는 비밀의 문, 아침

꽉 짜인 하루 일과에 똑같은 일상이 되풀이되던 어느 날, 뭔가 새로운 계기에 목말라하던 나에게 빗줄기처럼 내린 책이다. '아침은 밤보다 지혜롭다'라는 말이 있다. 아침 시간을 지혜롭게 활용할 때 우리는 하루를 30시간으로 살 수 있다고 한다. 양적 시간에 앞서 우리가 우리 존재의 깊은 본성과 마주할 수 있는 시간 역시 아침이다. 물질적 세계와 영적 세계로 통하는 길이 어렴풋이 그 모습을 드러내는 신성한 순간에 우리는 우리 삶의 절박하고 중요한 과제에 대해 답을 내리는 시간으로 받아들여야 한다. 자신이 마주하고 있는 현실에 대해 반성이 필요하고, 개선이 필요한 사람이 읽으면 좋을 책이다.

-알라딘 독자

친절하지만 확고한 어투, 설득되지 않을 수 없다

이 책이 전하는 교훈은 어찌 보면 뻔하다. 그 뻔한 주장을 얼마나 감동적으로, 설득력 있게 잘 하느냐, 그것이 모든 자기계발서의 숙제이기도 하다. 저자인 사이쇼 히로시는 그 숙제에 성공했다. 이 책은 야행성 생활의 해악성과 아침형인간의 성공비결을 소개함으로써 아침형인간이 되기 위한 동기부여를 충분히 전달한다. 그 동기부여를 받아 아침형인간이 되겠다고 결심한 그 순간이, 이 책의 본격적인 시작이라고 봐도 무방하다. 저자는 아주 친절하다. 우리의 연약함을 잘 알고 있기에, 14주 과정으로 구체적인 실천 프로젝트를 제안한다. 문제는 아주 간결하나, 어투는 확고하다. 마치 저자가 소개한 방법만 따라서 하면 누구나 아침형인간이 될 수 있을 것 같다. 그러나 실천하지 않는다면 이 책을 읽은 시간은 아무 의미가 없다. 오늘부터, 당장 시작하면 된다. 그냥 해보면 된다. 인생을 두 배로 사는 삶, 나도 오늘부터 시작이다.

-인터파크도서 독자

차례

 아침을 잃어버린 사람들

어째서 아침형인간이 인정받을까

성공한 사람들은 모두 아침에 깨어 있었다

아침의 1시간은 낮의 3시간이다

어떻게 아침형인간이 될 것인가

100일(14주) 프로젝트

☀

아침형인간으로의 변화는
삶의 변화이다

그는 당신의 직장 동료이다. 지금은 그와 당신이 포함된 팀장급 회의 중이다. 그의 단정하고 깔끔한 와이셔츠가 선명한 빛을 발하고 있다. 그의 말투는 늘 그렇듯이 분명하고 자신감에 차 있다. 그가 제시하는 의견은, 마치 모든 판단과 준비가 되어 있기라도 하듯 주저함이 없다.

당신의 눈은 충혈되어 있고 이따금 졸기까지 한다. 와이셔츠 깃에는 어제 흘린 듯한 음식 흔적이 남아 있다. 부장이 당신에게 의견을 구하자 당신은 회의 내용의 흐름도 잘 파악이 안 돼 눈치를 살피다가, 겨우 우물쭈물한 대답으로 상황을 넘긴다. 회의가 결론에 이르고, 부장이 각 팀의 역할을 나눌 때에야 겨우 당신 팀의 임무를 받아 적고 회의실을 나선다.

그 후의 상황은 불을 보듯 뻔하다. 그는 자신의 팀원들을 모아 이번 프로젝트의 취지와 예상되는 성과를 설명하고 그들의 의욕을 불태울 것이다. 반면 당신은 팀의 임무를 대충 나누어 팀원들에게 던지고는 의자에 몸을 묻을 것이다. 아침 회의도 '그럭저럭 잘 넘어갔다'는 안도와 함께.

그러나 머지않아 일의 결과가 나타날 것이고, 그런 일이 계속 반복된다면 당신은 더 이상 그와 같은 자리에 앉아 회의하는 일조차 없어질지 모른다.

원래 입사할 당시 그와 당신의 모습은 별반 다르지 않았다. 무엇이 그와 당신의 차이를 이토록 크게 만들었는가? 당신은 여러 가지 이유를 생각해낼 수 있을 것이다. 집에서 회사까지의 거리가 너무 멀다, 배우자와의 결혼 생활에 문제가 많다, 팀원들이 무능하다, 회사의 경영 방침이 너무 보수적이어서 의욕이 일지 않는다, 인간성이 좋다 보니 저녁 모임이 너무 많다, 일이 너무 많아 야근을 밥 먹듯이 할 수밖에 없다…….

결론부터 말하자면 모두 이유가 안 된다. 당신의 문제는 오로지 하나, '아침'이다. 당신의 아침과 그의 아침이 어떤 모습일지는 보지 않아도 알 수 있다.

당신이 이불 밖으로 손만 겨우 뻗어 알람을 끄고 다시 몸을 웅크릴 때, 그는 집 주변 공원을 산책하며 자연의 아침과 더불어 하루를 계획하고 있었을 것이다. 당신이 두 번째 알람을 누르며 이 아침을 지켜워하고 있을 때, 그는 아내와 얘기 나누며 아침 식사를 하고 있었을 것이다.

당신이 겨우 잠자리를 빠져나와 치약을 짜고 있을 때, 그는 아내의 웃음 띤 인사를 받으며 집을 나서고 있었을 것이다. 당신이 밥상도 무시하고 아내의 잔소리를 뒤로한 채 집을 나설 때, 그는 한산한 전철에 앉아 책을 읽으며 출근하고 있었을 것이다. 당신이 콩나물시루 같은 전철에서 손잡이에 매달려 아침부터 땀을 흘리고 있을 때, 그는 회사 책상에 앉아 하루 스케줄을 점검하고 자료를 챙기고 있었을 것이다. 당신이 출근 시각 5분을 넘기며 헐레벌떡 뛰어들어올 때, 그는 동료들과 회의실에서 차를 마시며 회의 시작을 기다리고 있었을 것이다.

그리고 지금 그는 당신의 '동료'이지만, 곧 당신의 후배

들이 '그'의 모습을 대신할 것이다.

성공한 사람들은 아침이 부지런한 사람이었다. 아침을 잘 활용하는 사람이 하루를 지배할 수 있고, 하루를 지배하는 사람이 인생을 지배할 수 있다. 성공은 아침에 좌우된다.

위의 경우를 보며, 단적인 예를 든 것에 불과하다고 생각하면 오산이다. 당신이 학생이든, 직장인이든, 자영업자이든, 경영자이든, 프리랜서이든, 정도의 차이는 있을지라도 자신의 환경에 따라 충분히 벌어질 수 있는 상황이다.

이는 어느 한 개인의 잘못된 생활을 꼬집기보다는, 오늘날의 인류가 급격하게 '야행성 생활'에 젖어들고 있다는 데에 근본적인 문제가 있기 때문이다. 인류가 지금처럼 밝은 밤을 갖게 된 것은 기나긴 인류 역사 속에서 극히 짧은 최근의 일이다. 인류의 문명은 밤의 어둠마저 극복해냈지만 그 부작용도 만만치 않다. 가장 큰 문제는 야행성 생활의 확산이다.

인류는 오랜 세월 동안 해가 뜨면 일어나고 해가 지면 잠드는 생활을 이어왔다. 인간의 몸 또한 그러한 리듬에 맞추어 진화해왔다. 그러던 것이 100년도 안 되는 짧은 기간 동안 야행성 생활로 바뀌면서 심각한 부적응을 나타내 보이고 있다. 지난 세기에 등장한 수많은 새로운 질병들의 상당수도 여기에 기인한다.

인류는 점점 '밤에도 얼마든지 즐길 수 있는' 사회, '밤에도 일할 수 있는' 사회를 고착화하고 있다. 물론 이런 새로운 질서를 무조건 원시시대로 되돌리자는 것은 아니다. 다만 지나친 야행성, 불규칙한 생활 리듬, 부족한 수면 등으로 개개인은 물론이며 사회적으로도 병리적인 현상이 날로 더해가고 있다는 것을 말하고 싶다.

위의 예처럼 현명하게 생활해나가는 사람들도 많지만, 문제는 그렇지 못한 사람들이, 그것도 젊은 층에서 폭넓게 확산되고 있다는 점이다. 과거 30년 전에 비해 기상 시각이 무려 20분이나 늦어졌다는 조사 결과가 있다. 작은 차이라고? 그럴지도 모른다. 하지만 '지속적으로 늦어지고 있다'는 데 심각성이 있고, 이러한 추세는 계속될 가능성이 높다.

야행성 생활은 건강은 물론, 자신의 인생도 망칠 수가 있다. 지금 '아침형인간'으로의 변화를 촉구하는 일은, 그래서 잠시도 늦추거나 안이하게 여길 일이 아니다.

'아침형 생활'은 단순히 시간관리만을 위한 것이 아니다. 아침형인간으로 변화한다는 것은 자신의 생활과 인생의 근본적인 변화를 몰고 온다. 지난 수십 년 동안 아침형인간을 연구하고 전파해온 내가 이 책을 통해 약속하는 '네 가지 변화'는 다음과 같다.

첫째, 신체와 정신이 조화로운 하루, 에너지가 충만한 하루를 갖게 된다. 아침을 늦게 시작하는 사람, 아침을 불쾌한 마음과 무기력한 몸으로 시작하는 사람에게 그날 하루는 '버려진 하루'와 다를 바 없다. 반면 자연의 아침을 호흡하며 상쾌하게 출발하는 하루는 벌써 성공을 예약한 것이나 다름없다.

둘째, 생활에 여유를 갖게 되면서도 목표하는 성과를 달성하게 한다. 여유란 단순한 휴식을 의미하는 것이 아니다. 아침을 적극적으로 활용하면 모든 일에 여유가 생긴다. 여유를 가지고 대하는 모든 일은 순리대로 풀리기 마련이다. 다급하고 여유 없는 자세로 대했던 일들이 대개 잘 풀리지 않았던 경험들을 해봤을 것이다. 그 비밀도 아침에 있다.

셋째, 세상과 자신의 삶을 대하는 자세가 달라진다. 아침과 저녁, 밤 시간대에 따라 사람의 심신은 각기 다른 반응을 보인다. 주로 밤늦게 깨어 있는 사람들은 상대적으로 감성적이고 비관적이며 불안한 모습을 많이 보인다. 반면 이른 아침 시간을 많이 활용하는 사람은 이성적이고 적극적이며 안정적인 모습을 보인다. 아침형 생활을 지속하면 긍정적인 생활 자세를 갖게 되는 것이다.

넷째, 건강한 삶, 장수하는 삶을 누리게 된다. 단순히 오래 사는 것은 의미가 없다. 건강한 몸과 마음을 유지하면서 장수하는 삶은 누구나 꿈꾸는 것이다. 건강 장수하는 노인들 가운데 야행성인간은 찾아보기 어렵다. 나이 들어 잠이 없어진 것이 아니라, 젊어서부터의 생활 습관이 그랬던 것으로 밝혀진 조사가 많다. 젊은 시절 밤낮을 가리지 않고 일해서 어느 정도 부와 명예를 쌓은 사람들도 있지만, 대개는 중년 이후 갑자기 사망하거나 심각한 질병으로 고통스러운 노년을 보내는 경우가 대부분이다.

성공을 이루고 건강도 지키면서 장수하는 사람들은, 설령 많은 시간을 일에 쏟아부었다 해도 규칙적인 아침형 생활을 지속해온 사람들이다.

아침형 생활은 습관이다. 대부분 아침이 유용하다는 것,

이른 아침에 시작해서 해가 지기 전에 하루 일과를 끝내야 한다는 것을 잘 알고 있다. 하지만 정작 실행에 옮기는 것은, 아주 단순할 것 같으면서도 어렵다.

하지만 몸에 배인 습관은 힘들지 않고 자연스럽다. 그래서 이 책은 100일 동안의 변화를 주문한다. 100일이라는 시간은, 어떤 변화 노력이 인간의 몸에 완전히 정착함으로써, 이후 의식적인 노력 없이도 습관처럼 이루어지기까지 절대적으로 필요한 시간이다. 인간의 몸이 자연 상태에서 원하는 최소한의 시간인 것이다. 아침형인간이 되는 것은 어렵지 않다. 그렇지만 단기간에 완성할 수 있는 방법 같은 것은 없다.

100일을 짧게 느끼는 사람도 있을 테고 길게 느끼는 사람도 있을 테지만, 잊지 말아야 할 것은 이 기간만큼은 반드시 노력해야 한다는 것이다. 그 이후는 아무 걱정할 필요가 없다. 그때는 몸이 알아서 움직일 것이다. 그래서 100일은 긴 시간일 수도 있지만 분명한 '약속의 시간'이기도 하다.

이 책의 1부와 2부에서는 야행성 생활의 폐해와 아침형 생활의 효과를 전하는 데 주력했다. 여기에는 내가 상담을 진행하며 과정을 지켜본 실제 사례들을 많이 실었다. 그리고 그 사례들을 통해 어떻게 아침형인간이 될 것인지에 대해서도 풍부하게 언급했다. 또한 사례에 더해 과학적 근거를 통한 수면 시간, 취침 시각과 기상 시각 설정 등 하루를 효과적으로 활용하기 위한 정보도 제공하고 있다.

후반부에 해당하는 3부에서는 앞의 내용들을 토대로 아침형인간이 되기 위한 100일(14주) 프로젝트를 정리했다. 무리한 계획이나 실행으로 중도에 포기하는 일이 없도록 가급적 느리고 자연스러운 변화 흐름을 제시했다. 처음부터 욕심을 내거나 무리해서는 안 된다. 그래서 흐름상 매주 중점을 두어야 할 사항들을 중심으로 실천 방법을 제시했다. 이를 모델로 해서 개인의 조건에 맞는 프로그램을 만드는 것도 좋은 방법이다.

나는 의사이다. 내가 아침형인간에 대해 연구하고 상담하는 일을 하게 된 것은, 역시 의사였던 아버지의 유업이 계기이다. 아버지를 포함해 40년이 넘는 세월 동안 야행성 생활에 시달리는 사람들을 대하면서 내린 결론은 이렇다. 아침형인간으로 살아가는 것이 모든 생활 변화의 근본이라는 것.

아침형인간이 되는 신통한 방법은 없다는 것.

아침형인간으로의 변화를 가능하게 하는 것은 본인의 절실함과 과감한 실행뿐이라는 것.

그렇다. 나는 당신이 이 책을 통해 자신의 현실을 바라보게 되길 바란다. 그래서 문제를 인식하고, 변화를 다짐하고, 실행을 계획하게 되기를 바란다. 이 책은 당신의 새로운 변화에 큰 도움이 될 것이다. 또 당신의 실행에 함께할 것이다.

이 책을 통해 변화 의지를 갖게 되기를 바란다. 나는 당신의 성공을 응원할 것이며, 또한 당신의 성공을 확신할 수 있다. 건투를 빈다.

사이쇼 히로시

1

아침을
잃어버린 사람들

하루는 24시간 이상 주어지지 않고, 인생 또한 유한하다. 따라서 아침을 지배하는 사람은 하루를 지배할 수 있고, 그 하루하루를 지배하는 사람은 인생을 지배할 수 있다. 인생을 지배하는 사람은 자신이 인생을 통해 얻고자 했던 가치를 얻게 될 것이다.

우리의 아침을
앗아가는 것들

☀ **나도 모르는 사이에**

"이렇게 나가다가는 죽도 밥도 안 되겠어."

생명보험회사에 다니는 가토 마사히로는 요즘 입버릇처럼 푸념이 늘었다. 입사 7년 차인 가토의 모습에서 입사 당시의 활기차고 자신감 넘치던 모습은 더 이상 찾아볼 수가 없다. 눈은 늘 붉게 충혈되어 있고 어깨는 축 처져 있다. 시도 때도 없이 졸고 있는가 하면, 회의 때는 잠깐 잠깐씩 멍한 상태가 이어져 회의 흐름을 놓치기 일쑤다.

가토가 이렇게 만성적인 피로에 시달리게 된 것은 3년 전 팀장으로 발탁되고부터다. 사내 동기들에 비해 빠른 승진이었기에 그만큼 의욕도 넘쳤다. 그러나 그때부터 가토의 일상은 허물어지기 시작했다.

팀장은 매일 팀원들로부터 영업 현황을 보고받아 보고서를 작성해야 한다. 그러다 보니 회사를 빠져나오는 시각이 밤 8시가 넘는 경우가 다반사였다. 출퇴근 거리도 멀어서 집에 도착하면 10시가 다 된다.

가토는 술을 즐기는 편이긴 하지만 도를 넘을 정도로 마시는 사람은 아니다. 그러나 팀을 맡게 되면서부터는 술 마시는 횟수나 양이 자꾸만 늘어갔다. 팀원의 푸념을 들어줘야 했고, 주요 고객과 저녁을 겸한 상담도 그의 몫이었다. 때로는 다른 파트에 협조를 구하고, 상사의 이해를 얻어내는 등의 일도 술자리를 통해서 이루어졌다. 그런 날이면 보고서는 집에 가서 써야 했다.

가토의 귀가시간이 12시까지 늦어지는 데는 채 반년도 걸리지 않았다. 저녁 술자리가 있는 날에는 집에서 일을 마저 끝내야 했기 때문에 잠자리에 드는 시각은 밤 2시, 3시가 보통이었다. 때로는 4시에 잠을 청하기도 했다.

그러다 보니 출근시간에 겨우 맞출 수 있는 아슬아슬한 시간까지 자다가 간신히 이부자리에서 몸만 빠져나와 출근하는 날이 계속되었다. 아침밥을 거르는 날도 많아졌다. 몸은 천근만근이고, 오전 내내 정신도 개운치 않았다. 회의 서류도 간신히 대충 훑어보는 날이 계속되었다. 팀장이 이러다 보니 다른 직원들의 근무 태도도 자연히 흐트러졌다. '그래도 근근이 버텨가고 있다'고 자위해보는 것도 잠시였다.

　어느 날 그는 드디어 매일 아침 제출해야 하는 보고서를 올리지 못하는 지경에 이르고 말았다. 전날 밤 술자리가 끝나고 집으로 돌아가 보고서를 작성하다가 쏟아지는 잠을 이기지 못하고 잠들어버린 것이다. 본부장에게 호되게 질타를 당한 가토의 스트레스는 극에 달했다.

　'이렇게 나가다가는…….'

　어떻게든 버텨가고는 있다고 생각했던 가토는 처음으로 심각한 위기의식을 느꼈다. 무슨 수를 써야 한다고 생각했지만 마음뿐, 이미 그의 몸속의 시계는 야행성으로 바뀐 지 오래였다. 그저 마음만 초조해질 뿐이었다. 그럴수록 집중력은 떨어지고, 실수가 거듭되는 악순환에 빠져들었다.

자신감도 잃고, 의욕도 솟지 않았다. 예전처럼 무리를 해서라도 밀어붙여 보려 하지만 이미 체력도 바닥을 드러내고 있었다. 더욱이 성과가 좋을 리 없어서 목표 달성은 늘 하향곡선을 그었다. 어떻게든 그날 하루가 빨리 지나가기만을 바라는 나날의 연속이었다. 그는 원래부터 술고래도 아니었고, 사생활이 문란한 사람도 아니었다. 그는 지극히 평범하고 성실한 직장인일 뿐이었다. 그러나 내가 그를 만났을 때 그는 정신적으로나 육체적으로나 이미 건강한 사람이 아니었다.

☀ 낮과 밤이 뒤바뀐 생활

한 해 재수 끝에 드디어 원하던 대학에 합격한 새내기 대학생 야마노우치 마코토는 의욕적인 대학생활을 시작했다. 강의도 충실하게 듣고, 생활비만이라도 부모님께 의지하지 않겠다고 아르바이트도 열심히 했다. 바쁘게 하루하루를 지내는 동안 시간은 눈 깜짝할 사이에 6개월이 흘렀다. 어느 순간 야마노우치는 자신의 생활에 회의가 들기 시작했다.

'나만의 시간을 너무 갖지 못한 것 같아.'

그는 아침저녁으로 하던 두 가지 아르바이트 중에서 우선 아침 일을 그만두었다. 그러나 기대는 반대로 나타났다. 그가 원하던 '나만의 시간'이라는 것이 구체적으로 무엇인지 스스로도 명확하지 않았던 터라, 남는 시간을 딱히 어디에 써보지도 못하고 빈둥거리게 된 것이다. 야마노우치의 생활이 흐트러지기 시작한 것은 그때부터였다.

원래 아침에 일어나는 것을 힘겨워하던 그는 늦잠을 자는 것으로 그 시간을 허비했다. 그래도 강의 시간은 맞춰 나가는가 싶었지만, 이내 그마저도 무너지고 말았다.

'대학 강의라는 게, 그렇게 악착같이 쫓아다니면서 들어야 할 만큼 훌륭한 것은 아닌 것 같아.'

처음에는 학생이 강의를 빼먹는다는 죄책감이 없지 않았지만 시간이 지나면서 그도 무뎌졌다. 아침 아르바이트를 할 때 6시이던 기상 시각이 8시로 늦어지고, 강의를 한두 번 빼먹기 시작하면서는 9시, 10시로 늦어졌다. 그러면서 잠자리에 드는 시각도 점점 늦어졌다. 잠도 오지 않고 딱히 할 일도 없는 밤이면 그는 게임에 빠졌다.

그러다 보니 잠자는 시간은 점점 뒤로 밀려나서 급기야

는 해가 뜰 때에야 잠이 들고 오후 4시, 5시가 되어서야 일어나는 지경이 되었다. 낮과 밤이 완전히 뒤바뀐 생활이 되고 만 것이다. 강의는 거의 듣지 못했고, 저녁 아르바이트도 포기해야 했다. 그뿐만이 아니었다. 몸에도 이상이 왔다. 언덕이나 계단을 조금만 올라도 숨이 턱까지 찼고, 몸을 조금만 움직여도 심장이 가쁘게 뛰고 현기증까지 일었다.

이쯤 되어서야 그도 위기를 느꼈다. 이대로 폐인이 되는 건 아닌가 싶었다. 이런 상태로 계속 살아서는 안 된다고 생각했다. 하지만 낮과 밤이 뒤바뀐 생활은 쉽게 회복되지 않았다. 한창 혈기왕성할 나이에 그는 무기력하고 자괴감에 빠진 나날들을 보내고 있었다. 내가 그를 만난 것은 그즈음이었다.

☀ 아침이 없는 사람에게는 성공도 건강도 없다

위의 두 사람뿐만이 아니다. 우리는 주변에서, 정도의 차이는 있을지언정 아침을 잃어버린 사람들을 흔히 본다. 아마도 자기 경우라고 생각되는 사람들도 많을 것이다.

전날의 야근 때문에 또는 과음 탓에 수면 부족에다 술이 덜 깬 상태로 출근하는 사람들이 많다. 일도 금방 손에 잡히지 않고, 중요한 회의에 참석해서도 내용이 머리에 들어오지 않고, 거래처와 전화통화를 할 때도 무기력해지고……. 이런 일이 반복되다 보면 책임감 없고 자기관리 능력이 떨어진다는 평가를 받기 십상이다. 이미지도 나빠지고, 성과는 날로 떨어지고, 신용도 실추된다. 너무나 당연한 귀결이겠지만, 이런 생활을 반복하는 사람이 성공하는 경우를 나는 보지 못했다.

어쩌다 발생하는 야근이나 술자리로 인해 하루쯤 고생하는 일은 크게 문제될 것이 없다. 하지만 습관적인 야근이나 상습적인 음주는 그 사람을 야행성 생활의 나락으로 빠트린다. 도박이나 게임 등에 중독 현상을 보이는 사람들도 마찬가지이다. 또는 건전한 취미 생활이라 해도 그 정도가 지나치면 역시 문제가 된다. 또 잠자는 시간을 극도로 줄여가면서 하는 자기계발(외국어나 직무 관련 학습 등)도 아침을 빼앗아가는 주범이다.

사람에게는 일정한 여유가 필요하다. 여유란 단지 휴식

을 의미하는 것은 아니다. 업무를 대하는 자세에 여유가 있으면 성공 확률도 높다. 시간적으로 여유가 있으면 우선 침착해진다. 제반 상황도 자세히 살펴보면서 정확한 판단을 내릴 수가 있다. 주변 사람의 눈에도 자신감 넘치게 보일 수 있다. 회의나 중요한 거래 상담에 여유가 없으면 초조함과 오판으로 인해 큰 실패를 맛보기 쉽다.

하루의 여유는 건강한 아침에서 비롯된다. 잠도 덜 깬 비몽사몽인 상태로 허둥지둥 시작하는 사람의 하루와, 자연의 여명과 더불어 눈을 떠 하루를 계획하고, 아침밥도 제대로 챙겨 먹고, 한산한 지하철이나 도로를 달려 상쾌하게 출근하는 사람의 하루는 천양지차일 것이다.

어떤 사람은 '아침이든 저녁이든 규칙적으로 생활하면 되지, 꼭 이른 아침에 하루를 시작할 이유가 있느냐'고 반문할지도 모르겠다. 하지만 아침과 낮 시간, 저녁 시간은 분명히 다르다. 앞으로 이 책에서 아침 시간의 효용성이 여러 각도로 언급되겠지만 누구나 느꼈을 법한 가벼운 예를 하나 들어보자.

요즘 같은 SNS 세대는 혹 모르겠으나, 그 이전 세대라면 사춘기 시절, 늦은 밤에 잠 못 들고 연애편지를 써본 경험들이 있을 것이다. 하지만 그 편지를 다음 날 아침에 읽어 보고서도 그대로 우체통에 넣을 수 있었던가 생각해보라. 대개는 그러지 못했을 것이다.

지난밤 그토록 절절한 심정을 몇 번씩 고쳐 써가며 편지지에 담아내고 만족스러워했건만, 막상 아침에 읽어보면 너무나 상투적이고 낯 뜨거운 내용들로 가득한 편지를 보게 될 뿐이다. 같은 사물을 대하고, 같은 문제를 접하더라도 거기에 대응하는 아침과 밤 시간의 태도나 감정은 크게 다르다. 다소 거친 구분이기는 하지만, 대체로 아침 시간은 '이성적'인 기운이 넘치는 데 반해 저녁이나 밤 시간은 '감성적'인 기운이 더 세다.

물론 직업적인 특성상 밤에 일을 할 수밖에 없는 경우는 현실적으로 어쩔 수 없다. 그런 경우라면 규칙적인 하루를 살도록 노력하는 것이 그 상황에서는 최선일 것이다.

☀ **별문제 아니라고 생각하는 당신**

글을 시작하면서 소개한 두 사람이 그 후 어떤 삶을 살고 있을지 궁금할 것이다. 결과만 얘기하자면, 두 사람 모두 건강한 삶을 회복해서 자신감 넘치는 생활을 하고 있다. 그들의 변화의 시작은 '잃어버린 아침'을 되찾는 것이었다.

그들은 단지 '아침'을 잃어버렸을 뿐인데 그것이 가져온 결과는 '모든 것'을 잃게 되는 것이었다. 과장이 심하다고 생각하는가? 물론 두 사람의 경우가 다소 심하기는 하다. 하지만 이 책을 읽는 당신이 '위의 두 사람과 나는 좀 다르지'라고 생각하고 있다면, 다시 한번 곰곰이 자신의 생활을 되돌아보기를 권한다. 정도의 차이는 있지만, 스스로 느끼지 못하는 사이에 야행성인간이 되어가고, 그것이 거듭되고 오래 지속될수록 그 생활을 합리화하면서 문제의식을 느끼지 못하게 된다.

젊을수록 그런 경향이 많다. 그것은 젊은 사람일수록 아직은 체력적으로 버틸 여력이 남아 있기 때문이기도 하고, 또 아직은 사회적으로나 가정적으로 책임의 무게가 덜하기 때문이기도 하다. 대개 40대로 접어들면 체력의 한계를 느끼고, 하는 일에서도 여러 가지로 차질이 생기는데, 집안의 가장으로서 무게도 더해지다 보면 비로소 위기를 감지하기 마련이다.

위의 두 사람은 스스로 심각한 위기의식을 느꼈기 때문에 문제로부터 벗어날 수 있는 기회를 얻었고 또 성공했다. 하지만 정작 많은 사람들이 야행성 생활을 하면서도 그것이 자신의 인생을 얼마나 갉아먹고 있는지 모르고 있다. 아니면 문제가 되는 것을 느끼고 있으면서도 구체적인 변화나 실천에는 소극적이다.

그렇게 된 가장 큰 이유는 주변 사람들도 '대체로 그렇게들 살고 있기 때문'이다. '남들도 이렇게들 사는데…… 나만 크게 잘못된 건 아닐 거야'라는 안이한 생각이 당신이 바라던 삶과 점점 더 멀어지게 만든다.

☀ 도시의 밤은 화려하게 빛나고

인공위성으로 촬영한 밤의 지구 모습을 본 적이 있을 것이다. 지구의 밤은 더 이상 암흑이 아니다. 특히 선진국일수록, 대도시일수록 또렷한 야광을 뿜어내고 있다.

지상으로 내려와 보자. 네온사인이 넘실대는 유흥가, 24시간 편의점, 카페, PC방……. TV와 스마트폰 화면에는 눈길을 끄는 영상이 24시간 흘러나온다. 인터넷에는 국경은 물론 밤낮의 경계도 없다. 무한경쟁 시대를 사는 비즈니스맨들의 빌딩 숲도 쉽사리 불이 꺼지지 않는다. 가히 현대 문명은 '밤에도 잠들지 않는 사회'라 할 수 있다.

NHK가 재미있는 여론조사를 했다. 일본인의 평균 기상 시각을 조사한 것인데, 그 결과에 따르면 일본인의 평균 기상 시각은 20년 전에 오전 6시 17분이었던 것이 거의 매년 1분씩 늦어져 6시 37분이 되었다고 한다.

또 정부의 국민생활 기본조사에서도 일본인 중에 6시 30분까지 기상한다고 말한 사람이 약 30년 전에는 전체의 43%였는데 최근 조사에서는 42%로 낮아졌고, 7시 반까지 기상한다고 말한 사람도 83%에서 81%로 줄어들었다.

현대인들은 이렇게 조금씩 자신의 아침을 반납하고 있는 것이다. 더구나 늦게 일어나는 경향이 젊은 층일수록 더하다는 사실을 생각하면, 우리 사회의 미래가 아침으로부터 점점 멀어지리라는 것은 더 이상 억측이 아니다. 밤이 너무 깊으면 딱히 할 일이 없었던 이전 세대와 달리 지금의 젊은 세대는 밤에도 잠들지 않을 수 있도록 중무장한 상태이다. SNS, 인터넷, 유튜브, 게임 등 즐길 것이 넘치는 젊은이들의 밤은 언제나 'ON'이다.

어찌 보면 오늘날의 도시는 밤이 되어서야 활력이 넘치고, 오히려 아침이나 낮 시간에는 차분한 기운으로 가라앉는 것 같은 착각도 든다. 밤 시간에 에너지를 쏟아내다 보면 정작 낮에는 무기력해질 수밖에 없다. 꾸벅꾸벅 졸거나 아예 낮잠을 자기도 한다. 이렇게 낮에 활동적이지 못하고 몸을 움직이지 않으면 밤에는 다시 잠들지 못하고 다른 일에 몰두하게 된다. 악순환이 자리 잡는 것이다.

최근 들어 예전에는 거의 볼 수 없었던 자율신경실조증*, 우울증이 급속히 확산되고 있는 것도 현대인의 야행성 생활 습관과 깊은 관련이 있다.

* 자율신경계의 조절이 제대로 이뤄지지 않아 일어나는 이상 증세.

아침형인간은
자연의 리듬이다

☀ 문명은 밤의 어둠을 극복했지만

인간의 밤이 이처럼 불야성을 이루게 된 것은, 인류의 역사 속에서 극히 짧은 최근의 일이다. 수백만 년에 이르는 인류의 역사 속에서는 일출과 함께 일어났다가 일몰과 함께 잠드는 것이 당연한 생활양식이었다. 나무나 기름을 태우는 수준의 조명기구로는 밤을 활용하기에 역부족이었기 때문이다. 행동반경도 제한되고 할 수 있는 일도 극히 한정되었기 때문에, 일찍 잠자리에 들어 내일을 위한 충전을 하는 것이 선택의 여지가 없는 당연한 일과였다.

그러나 인간의 문명은 자연의 한계를 극복하고 밤을 밝히기에 이르렀다. 전기의 발견과 전등의 발명으로 인류의 밤은 수백만 년의 어둠을 걷어냈다. 그것은 곧 수백만 년 이어져온 인간의 생활 패턴이 순식간에 달라졌다는 의미이기도 하다. 인류는 이제 금단의 시간이었던 밤 시간을 마음대로 누릴 수 있게 됐다. 학습하고, 생산하고, 교제하고, 유흥을 즐기는 등의 모든 행위가 24시간 내내 가능하게 된 것이다.

현대인들은 그래서 밤이면 '반드시' 잠들어야 한다고 생각하지 않는다. 밤은 24시간 중에서 인간이 선택할 수 있는 시간의 하나일 뿐이다. 수많은 문명의 이기가 그러한 인류의 변화를 거들었다.

물론 여전히 많은 사람들이 밤이면 자고 아침이면 일어나 활동하는 '기본' 패턴만큼은 유지하고 있고 이를 당연시한다. 하지만 문제는 점점 더 늦게 자고 점점 더 늦게 일어나는 경향이 가속화된다는 점이다. 또는 밤 시간을 '얼마든지 활용할 수 있다', '더 오래 즐길 수 있다'는 생각에 수면 시간이 극히 짧아짐으로써 아침을 고통스럽게 시작하게 됐다는 점이다. 이것은 지난 인류가 일몰과 함께 잠들어 일출 때까지 육체적으로나 정신적으로 충분히 휴식하고 맞이하던 상쾌하고 건강한 아침과는 질적으로 다른 것이다.

밤을 밝히고 활용하는 것은 어느 순간의 획기적인 발명으로도 가능해졌다. 하지만 수백만 년 축적되어온 인간의 몸, 인간의 신체 리듬은 그렇게 간단히 변하지 않는다.

인간의 수면과 각성을 맡고 있는 것은 자율신경이다. 자율신경에는 몸을 활발하게 활동시키는 교감신경과 몸을 쉬게 만드는 부교감신경이라는 것이 있다. 뇌에는 자율신경을 조절하는 부분이 있어 몸의 컨디션이나 주위의 상황을 살피면서 각성에서 잠으로, 잠에서 각성으로 가는 리듬을 만들어낸다. 밤이 되면 휴식의 임무를 띠고 있는 부교감신경 기능이 활발해져 졸리게 되고, 아침이 되면 활동의 임무를 띠고 있는 교감신경의 기능이 활발해져 움직이고 싶어진다. 이것이 인간의 자연적인 생리이다.

따지고 보면, 인간이 본래의 생체 리듬을 거스르고 심야까지 활동하게 된 것은 불과 100여 년에 불과하다. 환경이 바뀌었다고 해서 오랜 세월 형성되어온 인간의 생체 리듬이 그렇게 간단히 근본부터 변해버릴 리가 없는 것이다.

☀ 우리 몸속에 장착된 놀라운 체내 시계

박쥐 같은 야행성(夜行性) 동물도 많지만 대부분의 동물은 주행성(晝行性)이다. 인간도 그렇다. 이런 주행성 생활을 수백만 년이나 계속해왔던 탓에, 우리의 몸속에서는 자율신경이 24시간 단위로 작동하게 되었다. 그래서 앞서 말한 교감신경과 부교감신경의 작용으로 낮에는 활동하고 밤에는 잠들도록 '체내 시계'가 장착되어 있는 것이다.

체내 시계는 알수록 신비롭다. 하루 24시간뿐 아니라 계절, 1년 단위의 사이클까지도 정확하게 기억하고 있다. 이것은 우리의 의식이 미치지 않는 곳에서 작동하고 있다. 시차가 큰 외국을 여행할 때 겪게 되는 시차 부적응을 떠올려보면 이해가 쉽다. 현지 시각과 체내가 가리키고 있는 시각이 일치하지 않고, 그 차이가 클수록 적응이 어렵다.

체내 시계를 확인할 수 있는 실험 결과가 있다.

한 사람을 햇빛이 전혀 닿지 않는 지하실에서 생활하게 했다. 시계나 TV, 라디오처럼 시간을 감지할 수 있는 도구는 일체 사용하지 못하게 했다. 인공적인 조명기구는 사용했다. 그런 환경에서도 그 사람은 거의 24시간을 한 사이클로 잠자고 일어났다. 매일 일정한 시간에 식사를 하고, 호르몬 분비도 비슷한 리듬을 보였다.

재미있는 것은, 체내 시계의 사이클이 정확히 24시간이 아니라 24시간 30분에서 25시간 가까이로 확인되었다는 사실이다. 지상의 자연 상태에서의 사이클보다 조금씩 늦는 것이었다. 그 오차가 12시간이 되면, 지상에서의 생활과는 반대로 낮과 밤이 정확히 뒤바뀐 상태가 되고, 그 오차가 24시간이 되면 다시 원래대로 돌아온다. 자연의 주기 변화를 전혀 감지할 수 없는 환경에서는 인간의 체내 시계도 다소 오차를 보인다는 점을 확인한 것이다.

하지만 반대로 아무런 감응 수단 없이도 체내 시계 스스로가 그만큼 정확한 사이클을 유지할 수 있었다는 것은 놀라운 일이 아닐 수 없다. 문명이 인류에게 가져다준 혜택이야 이루 말로 다할 수 없지만, 한편으로는 인간의 생체 리듬에 심각한 압박을 가하고 있는 것은 아닌지 생각해볼 법하다. 자연스러운 수면을 방해하고 아침을 힘겹게 만들고 있기 때문이니 말이다.

수면은 활동으로 인해 피로해진 몸과 정신을 회복하기 위한 것이다. '충분한 수면'은 선택적인 것이 아니라 인간의 일상 활동에 반드시 전제되는 절대적인 것이다. 그래서 충분한 수면이 모든 일의 시작이다. 충분한 수면이라고 해서 무조건 오랜 시간 잠자라는 말은 아니다. 사람마다 약간의 차이가 있을 뿐더러, 짧게 자더라도 숙면을 취하기에 좋은 시간대가 있고 또 일어나 활동을 시작하기에 좋은 시간이 있다. 이에 대해서는 조금 뒤에 설명하기로 하자.

☀ 건강 장수하는 사람 중에는 야행성이 없다

지난 100여 년 사이 인류에게 일어난 놀라운 변화 중 하나가 평균수명의 상승일 것이다. 무려 두 배 가까이 인간의 수명이 늘었다. 수명이 늘어난 것은 인간에게 대단한 축복이다. 하지만 더욱 중요한 것은 단순한 장수(長壽)가 아니라, 얼마나 건강하고 행복하게 장수를 누릴 수 있는가 하는 것이다.

병마의 고통 속에 늙은 육신의 생명을 이어가는 것은 인간이 가장 피하고 싶은 상황 중 하나이다. 건강하게 장수할 수 있다면 그보다 축복받은 삶이 어디 있겠는가? 하지만 안타깝게도 현실은 그렇지 못하다. 수많은 노인들이 심각한 질병으로 고통 속에 노년을 보내고 있다. 일본의 경우 65세 이상 노인 가운데 건강을 유지하고 있는 사람은 전체의 20% 정도에 불과하다. 질병을 안고서라도 오래 살아가게 된 이러한 현상은 의학의 발달로 점차 개선되기는 할 것이다. 하지만 낙관하기는 어렵다. 이러한 문제가 의료 기술이나 치료약에 의해서만 해결될 수는 없기 때문이다. 의료 기술이나 약은 그야말로 병이 생긴 이후의 조치에 불과하다. 문제는 끊임없이 새로운 질병을 만들어내는 주체가 바로 인간 자신이라는 점이다.

식생활이나 주거 환경, 업무 스타일, 성 생활 등 그 사람의 생활 방식이 곧 그 사람의 건강을 말해주는 척도이다. 몸과 마음을 혹사시키고, 자연의 리듬을 거스르며 살아가는 사람들에게 건강한 삶을 기대하기는 어렵다.

젊은 층일수록 이런 경고에 시큰둥하기 마련이다. 웬만큼 무리를 한다 해도 아직 버틸 만하다고 생각하기 때문이다. 젊은 나이에는 물론 적응력도, 회복력도 높다. 시차 적응도 중년이나 노년층보다는 청년층이 훨씬 빠른 것을 보아도 그렇다.

하지만 40대에 접어들면 누구나 무리한 생활의 한계를 느낀다. 그리고 그때에 가서는 젊은 시절의 무리한 생활에 대한 대가를 치르게 되는 경우가 많다. 건강하게 장수할 수 있는 생활이란 어떤 것이냐에 대해 아직은 부분적인 논란도 없지 않다. 하지만 검증된 몇 가지 공통점은 발견할 수 있다.

건강 장수 노인들은 우선 심리적으로 거의 다툼이 없고 낙천적이며 희노애락의 감정 기복이 적다. 늘 평상심을 유지하고 사는 것이다. 또 남을 배려하는 마음이 강하고 욕심이 적다.

식생활과 생활 환경도 중요한 요소이다. 육류 소비량이 극히 적다. 대신 잡곡, 야채, 해조류를 즐겨 먹는다. 식사량도 약간 적은 듯한 정도의 소식(小食)이 대부분이고, 언제나 서두르지 않는다. 가급적 천천히, 꼭꼭 씹어가며 먹는다. 거기에 밝은 태양, 온난한 기후, 깨끗한 공기 등의 환경에 둘러싸여 지내고 있다는 것이 또한 중요한 요소이다. 그리고 그들의 생활 습관 가운데 예외 없는 것이 바로 '일찍 자고 일찍 일어난다'는 것이다.

일본의 경우만 보아도 100세 이상 노인 중 90%가 밤 8시,

9시에 잠자리에 들고 오전 4시, 5시에 눈을 뜨는 생활을 하고 있다(국민생활 기본조사). 인간의 신체 리듬, 인간 본래의 생리에 꼭 들어맞는 생활을 하고 있다는 것이다.

건강하게 장수를 누리는 사람에게는 야행성을 찾아볼 수가 없다. 그것은 노년에 새롭게 생긴 변화가 아니라 젊은 시절부터 유지해온 습관이다.

야행성 생활이
정신과 건강을 망친다

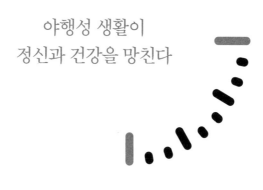

☀ 잠과 싸우지 마라

한동안, 특히 고도성장기에는 밤을 지새가며 일하는 사람의 모습은 '아름다움', '정열'의 이미지로 비쳐졌다. 치열한 대학 입시를 앞두고 새벽까지 책상에 앉아 공부하는 자녀의 모습은, 비록 건강이 조금 걱정되기는 하지만 부모의 눈에 분명 '기특하고 뿌듯한' 모습이었다. 그것이 우리가 가야 할 길, 거쳐야 할 과정이라 생각했다.

물론 그렇게 해서 원하는 대학에 들어가고, 사회에 나와서는 경제 성장의 견인차 역할을 하고, 자신의 가족을 부양하면서 성공 가도를 달려온 사람들이 많다. 하지만 그런 사람들의 삶은 결코 순탄하지 않다.

사회적·가정적으로 안착할 만한 40·50대의 나이에 돌연사하기도 하고, 중년이나 노년에 심각한 질병을 얻어 고통스러운 말년을 보내기도 한다. 또 우울증을 비롯한 각종 심신장애를 겪는 경우도 수없이 많다. 그토록 고생하면서 밤낮 가리지 않고 일해서 진정으로 얻고 싶었던 것, 아름답고 행복하고 건강한 삶이라는 궁극적인 인생의 목표로부터 멀어지고 마는 것이다.

사람의 몸은 에너지를 소모한 만큼 보충하고 회복시켜줘야 다시 기능할 수가 있다. 일정 에너지를 소모하면 그만큼 '먹어줘야' 하고, 그만큼 '자줘야' 한다. 이것은 상식이다. 우리의 몸은 그 신호를 강하게 보내온다. 에너지가 고갈되어가면 '배가 고프다'는 신호를, 피로가 쌓이면 '자고 싶다'는 신호를 보내온다. 배고픔과 졸음을 참아내기란 얼마나 어려운 일인가? 몸은 그만큼 영양 섭취와 수면의 필요성을 강하게 느끼기 때문에 참기 어려운 강력한 신호를 보내오는 것이다.

그래서 사람은 아무리 바빠도 때가 되면 반드시 밥을 먹어야 한다. 졸리면 자야 한다. 그런데 식욕에 대해서는 대체로 순응하면서도 잠에 대해서는 '싸워 이겨야 한다'는 생각을 하는 사람들이 의외로 많다. 싸워 이기는 만큼 자신에게 '시간'이라는 유한자원이 조금이라도 더 확보된다고 생각하기 때문이다. 물론 이것이 불가피한 상황도 있다. 그렇지만 어디까지나 예외이다. 일상이 되거나 자주 있어서는 곤란하다.

음식 섭취가 필요한데도 제대로 섭취해주지 않을 때 우리 몸은, 사용해서는 안 되는 '기본 체력'을 꺼내 쓸 수밖에 없다. 흔히 '몸이 축난다'라는 말이 바로 그것이다. 이는 마치 흉년 배고픔에 못 견뎌 내년 농사에 쓸 씨감자까지 꺼내 먹어버리는 것과 같은 어리석은 짓이다.

수면도 마찬가지이다. 애써 잠을 줄이고 그것을 극복하려 하는 것은 우리 몸을 갉아먹는 일이다.

그렇다면, 충분한 수면만 확보된다면 그것이 밤이든 낮이든 문제가 없다고 생각할지도 모른다. 하지만 이 책을 쓰는 진짜 이유는 '아침의 효용'을 알리는 데 있다. 따라서 이 책의 메시지는 '밤에 충분한 수면을 취하고 아침에 일찍 일어나 활동을 시작하라'는 것이다. 물론 직업적 특성상 밤에 일할 수밖에 없는 사람들도 있다. 그런 경우는 이 책의 논의에서 제외하는 것이 좋겠다. 나는 그런 사람들을 위한 고민을 멈추지 않고 있으며 언젠가 그 결과를 내놓아 도움이 되도록 할 생각이다.

밤 시간이 활동에 적합하지 않고 잠자는 데 유용하다는 것은, 단순하게 말하면 앞서 얘기한 우리의 체내 시계가 그렇게 작동하고 있기 때문이다.

부교감신경은 '이제 그만 잠들라'고 재촉하고 있는데 나의 의지는 깨어 있으려고 한다. 그것은 규칙적으로 흘러가는 시곗바늘을 붙들어 멈추게 하려는 것과 같다. 그 시계가 고장 나지 않고 견딜 수 있겠는가? 사람의 몸도 마찬가지이다.

☀ 아침 우울증은 야행성 생활이 가장 큰 원인

요즘 사람들에게서 여유를 찾아보기란 쉽지 않다. 급격한 변화에 능동적으로 적응해야 하고, 비즈니스맨이든 학생이든 치열한 경쟁 환경에서 자유롭지 못하다. 변화와 경쟁은 갖가지 무거운 스트레스를 안기고, 그렇게 쌓인 스트레스를 풀 길이 없는 사람들은 술을 마시고, 숙취로 인한 아침의 고통과 업무 갈등 때문에 또다시 스트레스를 유발한다.

현대인의 스트레스는 그 다양함만으로도 심각성을 느낄 수 있다. 오랜 세월, 일에만 몰두하다 보니 친구들과도 멀어지고, 가족들과도 서먹서먹해진 사람들이 많다. 초조해진 이들은 자신의 모든 것을 바친 직장밖에 마음 기댈 곳이 없다. 그러나 어쩐지 직장에서도 입지가 좁아지고 밀린다는 느낌이 들면서, 윗사람이나 아랫사람이 자신을 어떻게 평가하는지 심한 불안감을 느낀다. 불안감이 심해지면 다른 직원들이 자신을 어떻게 생각하는지 용역회사에 조사까지 부탁한다고 한다. 경쟁사회가 낳은 슬픈 우리의 자화상이다.

비슷한 경우로 사폐증(社閉症)이라 불리는 스트레스 증후군도 어렵지 않게 찾아볼 수 있다. 회사에 자신을 가두어 놓는 것이다. 회사 이외에는 생활의 의미나 가치도 찾을 수 없고, 어떠한 정신생활도 향유하지 못하는 사람들이다.

또 컴퓨터와 관련된 일을 하는 사람 중에는 기계와의 교감에 익숙해져 정작 사람과의 교감은 회피하는 이들도 있다. 기계인간화가 되어버렸다는 뜻에서 '테크노 스트레스'라고 부른다.

이렇게 다양한 스트레스 가운데 일반적으로 가장 흔하면서도 심각한 것이 '아침 우울증'이다. 아침이 우울하다는 것은 정신건강상 심각한 위험신호일 뿐 아니라 하루의 성과에도 극히 안 좋은 영향을 끼친다.

여름휴가나 명절연휴가 끝나고 회사에 출근하는 날, 또는 방학 후 첫 등교하는 날의 불안감이나 우울함은 누구나 어느 정도 느껴보았을 것이다. 대부분의 사람들은 출근 후 업무에 집중하면서, 아니면 늦어도 하루 이틀 정도면 그런 증상이 사라진다. 그런 정도라면 흔히 있는 일로 심각할 것이 없다. 하지만 사흘을 넘기면서도 그런 증상이 지속되는 사람도 있다. 이런 경우는 우울증의 시작이라고 보아야 한다.

나아가서 아예 매일 아침마다 회사 가는 것이 '죽을 맛'이라는 사람들도 적지 않다. 이 경우는 심각한 아침 우울증이다. 이런 스트레스에 시달리는 사람이 갈수록 늘어나는 추세이다.

이런 사람들은 하루를 수동적으로 무기력하게 지내다가, 저녁이 되면 술로 우울함을 달래거나 자신이 몰입할 수 있는 대상에 지나치게 탐닉함으로써 현실을 회피하려는 경향이 강하다. 그러다가 느지막이 잠자리에 들고, 아침에 겨우 눈을 떠보면 현실은 아무것도 바뀌지 않은 채 또다시 우울한 마음으로 끌려가듯 하루를 시작하게 되는 것이다.

이런 경우, 전문적인 치료를 받아보는 것도 좋고 나름의 스트레스 해소법을 찾아보는 것도 좋은 방법이 될 것이다. 하지만 그전에 과감하게 자신의 야행성을 끊어야 한다. 아무런 변화도 개선도 가져다주지 못하는 '현실 회피형' 밤을 그만두어야 한다. 그리고 차분하게 하루를 정리하는 시간을 가져보기 바란다. 그날의 일, 그날의 기분을 말끔히 정리하는 시간으로 바꾸어보라. 조금씩 자신의 아침이 달라지는 것을 느끼게 될 것이다.

☀ 야행성은 조화를 깨트린다

사람이 건강하다는 것은 무엇을 의미하는 것일까? 건강한 상태란 단순히 병이 들지 않았음을 의미하지는 않는다. WHO가 규정한 것에 따르면, 건강은 '조화로운 상태'를 뜻한다. 신체적·정신적·사회적으로 조화로운 것, 그것이 진정한 의미의 건강이다.

다시 말해, 적극적인 자세로 왕성하게 일과 학업에 임할 수 있는 신체적 여건, 무리 없이 생활을 영위하고 맡은 일을 수행해낼 수 있는 마음의 평안과 정신 상태, 그리고 자신을 둘러싼 사회적 여건과 불화하지 않고 조화로운 관계를 유지해나갈 수 있을 때에야 비로소 그 사람을 건강한 사람이라 말할 수 있는 것이다. 현대인의 야행성 생활은 이러한 세 가지 요소 모두에 부정적인 역할을 한다.

야행성 생활을 지속하면 체력이 떨어지고 면역력도 약해진다. 본시 건강한 몸은 약간의 피로나 가벼운 병에 대해서는 스스로 치유하고 복원할 수 있는 능력을 갖추고 있다. 하루 이틀 야근을 했다거나, 무리하게 운동을 했다거나, 경미한 감기에 걸렸다거나 하더라도 건강한 몸이라면 쉽게 회복할 수 있다. 하지만 야행성 생활은 이러한 자연치유력을 현저하게 떨어뜨림으로써 약물이나 건강식품에 의존하게 만든다.

정신적인 조화란 마음이 기복 없이 평온하게 유지되는 상태를 말한다. 야행성 생활은 심신을 극도로 피로하게 만들기 때문에 마음의 평온을 유지하기 힘들다. 대부분 생활이 규칙적이지도 않기 때문에 감정의 기복도 심해진다. 그러다 보면 한 가지 일에 집중하기가 점점 어려워지고 두뇌 회전도 더뎌져 실수도 잦기 마련이다.

사소한 일에도 화를 내고, 과도하게 걱정하거나 슬퍼하고, 타인에 대해 쉽게 적개심을 드러내고, 자신의 생각은 없고 무조건 시키는 대로만 하거나 이와는 반대로 자신의 생각을 관철시키지 않으면 성이 차지 않는 등 정신적 부조화를 보이는 사람들을 우리는 어렵지 않게 찾아볼 수 있다. 더구나 매일 밤 술을 마시는 야행성인간이라면 알코올 중독 증상까지 더해질 가능성이 많아 더욱 심각하다.

사회적 조화란 사회의 일원으로서 경멸이나 소외 또는 반목 없이 정상적인 인간관계를 유지하고 안정된 상태를 지켜나가는 것이다. 이러한 조화가 이루어지지 않으면 범

죄, 비행, 적대관계, 억압, 박해, 고립, 빈곤과 같은 사회병
리학적 현상이 나타난다.

현대인은 과거처럼 지역에 따라 공동체 의식이 강하던
시대에 비하면 사회적 조화가 흐트러지기에 훨씬 쉬운 환
경에 있다. 현대인의 야행성 생활도 그런 환경의 하나이다.

☀ 술의 파괴력

술에 관한 이야기를 잠시 하고 넘어가자.

이 책에서 말하는 야행성인간도, 살펴보면 여러 유형이
다. 회사 일 때문에, 학업 때문에, 생계를 위한 부업 때문
에, 취미 생활 때문에, 밤에 일이 더 잘되기 때문에(이는 대
부분 착각이다) 등……

그러나 사실 잦은 술자리 때문에 야행성인간이 되어가는
사람들이 생각보다 많다. 그리고 다른 경우보다 술로 인한
야행성 생활의 폐해가 비교할 수 없을 만큼 크다. 음주에다
수면 부족으로 다음 날 아침을 비몽사몽간에 시작하게 된
다면 그날 하루가 온전할 리 없다. 어쩌다 하루라면 모르겠

지만 이런 날이 거듭된다면 심각한 장애이다.

그럼에도 정작 본인은 그 심각성을 못 느끼는 경우가 많다. 핑계 없는 무덤 없듯이 이유 없는 술자리도 없다. 술을 마시는 것이 자신으로서는 '어쩔 수 없는 일'이라고 매번 합리화하게 되는 것이다. 다음 날도 어떻게든 자기 할 바는 다했노라고 자위하는 것이 보통이다.

하지만 그것은 자기 생각일 뿐이다. 지금 고개를 돌려 자신과 비교할 만한 동료를 찾아보라. 말끔한 옷차림에 생기 넘치는 얼굴, 미리 계획한 듯한 주저 없는 일 처리, 또렷하고 자신감 넘치는 말투, 정곡을 찌르는 문제 제기와 의견 제시, 게다가 옆의 동료의 어려움까지 나서서 도와주고 있다면…….

그에 반해 당신의 모습은 어떤가? 어제 먹은 안주가 묻은 듯 얼룩진 상의, 취기가 가시지 않은 듯한 눈동자, 상사의 지시에 마지못해 끙끙대며 마무리한 보고서, 이야기를 할 때마다 풀풀 풍기는 술 냄새, 점심 먹고 사우나에 다녀올 궁리에 여념 없는 잔머리……. 그렇게 하루 일과를 겨우 마치고 나면 다소 정신이 돌아오면서 당신은 생각할 것이다.

'그래도 뭐 안 된 일은 없군. 대체로 내 할 일은 다 한 거 같아?'

인정하기 싫겠지만 당신의 동료에게 있어 당신의 모습은 이미 경쟁자의 그것이 아니다. 주변에서 지켜보는 사람들에게도 마찬가지이다.

당신의 밤을 지배하는 술로부터 빨리 벗어나야 한다. 그 것이 당신을 늦도록 잠들지 못하는 야행성인간으로 살게 하고, 그 대신 당신에게 그토록 소중한 아침과 함께 성공의 기회를 빼앗아가고 있다.

야행성인간에서
아침형인간으로

☀ 야행성 생활 벗어나기

1급 건축사 자격증을 보유한 스다 다츠오는 대학 졸업을 앞두고 당당하게 대기업 건설회사에 입사했다. 하지만 그는 입사 직후부터 심심찮게 지각을 하는 바람에 상사에게 꾸중을 듣는 일이 다반사였다. 지각을 하지 않은 날이라 해도 점심 후 졸거나 멍한 상태로 지내는 경우가 잦았다. 상사의 지시에 엉뚱한 대답을 하기도 하고 어이없는 실수로 일을 어렵게 만들기 일쑤였다. 한마디로 '문제 사원'이 되어가고 있었던 것이다.

그가 이런 상태에 빠진 것은 학창 시절의 생활 때문이다. 그는 산간벽지에서 태어나 자라고 인근 읍내에서 고등학교까지 마쳤기 때문에 도시 생활을 알지 못했다. 그런 그가 도쿄에 있는 대학에 입학하면서 낯선 대도시에서의 나홀로 생활을 시작하게 됐다. 그에게 대도시 생활은 이제까지 경험해보지 못한 활력과 자극 그 자체였다.

마침 나라의 경제 상황도 더없이 좋을 때여서 사회 전체적으로 들떠 있던 분위기가 학생들에게도 그대로 전염되던 시기였다. 친구들과 술집과 클럽을 전전하고, 밤새 술을 마시고, 배가 고프면 편의점에서 요기를 하고, 또 집에 와서는 비디오 영화를 보다 잠드는 등 전천후 생활이 계속됐다. 밤새 즐긴 탓에 아침 강의는 빼먹기 일쑤였고 어떤 때는 아예 하루를 고스란히 이불 속에서 뒹굴기도 했다. 고향인 시골과 달리 도시에서는 야행성 생활을 하기에 아무런 불편이 없었다. 이렇게 완전히 주야가 뒤바뀐 생활은 대학 4년 동안 계속되었다.

그는 자신이 있었다. 언제든지 마음만 먹으면 정상적인 생활로 돌아올 수 있다고 확신했다. 하지만 몸은 그의 뜻대로 따라주지 않았다. 졸업을 앞두고 취업을 하게 된 것을 계기로 이제 생활을 바꾸어야겠다고 생각했지만 마음처럼 되지 않았다. 입사 6개월이 채 지나지 않아서 그는 회사를 그만두어야겠다는 생각을 하고 있었다. 자신감을 완전히 잃은 것이다.

그러나 스다는 회사를 그만두지 않았다. 그로부터 2년이 지난 지금은 오히려 27세의 나이로 사내에서 '영 파워'로 불리며 각광 받는 직원이 되었다. 그에게 어떤 변화가 있었던 것일까?

사실 그는 대학 4년간의 생활 패턴에서 벗어나려고 적잖이 노력했다. 하지만 갑작스럽게 변하려고 하니 걸림돌이 생겼다. 바로 잠을 잘 수가 없었다. 수년 동안 익숙해진 생활 때문에 밤에 잠이 오지 않았던 것이다. 눈을 감고 '양 한 마리, 양 두 마리'를 세어보기도 하고, 난해한 책을 읽어보기도 하고, 잠이 잘 온다는 음악을 들어보기도 했지만 모두 허사였다.

새벽 3시, 4시가 되기 전에는 잠을 이룰 수가 없으니, 겨우 출근은 한다 해도 하루 종일 제정신일 리가 없었다. 하루 이틀, 한 달 두 달, 시간이 갈수록 피로는 누적되고 머리는 하얗게 비어가는 느낌이었다. 그러던 어느 날 우연히 고향 선배를 만나 충고를 듣게 된 것이 그에게는 큰 행운이었다. 스다의 하소연을 들은 선배는 대뜸 이렇게 말했다.

"일이 끝나면 저녁식사는 회사 근처 식당에서 하고, 집까지 걸어서 가봐."

처음 그 말을 들은 스다는 실소를 머금었다. 그도 그럴 것이 회사에서 집까지는 얼추 계산해보아도 걸어서 3시간이 넘는 거리였기 때문이다. 3시간은커녕 최근 몇 년 동안은 30분도 지속적으로 걸어본 적이 없는 그였다. 그러나 더도 말고 사흘만 해보라는 선배의 말에 스다도 마음을 바꾸었다. 선배는 다음과 같은 말도 덧붙였다.

"집에 가서는 잠들 때까지 아무것도 먹지 마. 그냥 편안한 마음으로 욕조의 따뜻한 물에 몸을 담그고, 시간이 남으면 책을 좀 보다가 10시가 되면 정확히 잠자리에 드는 거야."

다음 날 선배의 말대로 회사 근처에서 저녁을 먹고 집을 향해 출발한 스다는 후회가 막심했다. 20분도 채 못 걸었는데 벌써 숨이 차고 다리가 아파온 것이다. 하지만 하루만이라도 해보자는 심정으로 겨우 집에 도착했을 때는 온몸이 땀에 젖고 다리는 풀려 있었다.

선배는 사흘만 해보라고 했지만 그럴 필요도 없이 효과
는 그날로 즉시 나타났다. 따뜻한 물에 몸을 담그고 나서
10시에 침대에 누웠다. 온몸이 나른해지면서 거짓말처럼
스르르 잠이 왔다. 다음 날 아침 일찍 눈을 뜬 스다는 참으
로 오랜만에 상쾌한 아침을 맞이했다. 허벅지와 종아리가
조금 뻐근하긴 했지만 그마저도 기분 좋은 느낌으로 다가
왔다. 효과는 즉각적으로 나타났다. 귀가하여 입욕을 마치
고 나면 스르르 졸음이 밀려들었고, 그대로 침대로 직행하
였다. 잠이 깊게 들수록 다음 날 아침에는 저절로 일찍 눈
이 떠진다. 잠을 깨면 기분이 상쾌하다. 선배의 말마따나
일찍 저녁을 먹고 집에 와서는 아무것도 먹지 않으니 속도
한결 편했다. 그리고 매일 걷고 싶은 잠을 푹 자는 생활 덕
에 스스로 느껴질 정도로 몸에 점점 힘이 붙었다.

이제 스다의 아침은 완전히 달라졌다. 아침이 달라지니
하루가 달라졌다. 얼굴에 생기가 돌았고 온몸에서 자신감
이 넘쳐났다. 하는 일도 무리가 없었고 성과도 따라주었다.
회사를 그만둘 생각까지 했던 그가 회사 내에서 '영 파워'
로 인정받기 시작한 것도 그때부터였다.

☀️ 첫 번째 장애물은 '잠들기'

야행성 생활에 젖어 있다가 아침형인간으로 돌아오려고 마음먹은 사람들에게 가장 먼저 다가오는 장애물은 '잠 못 드는 밤'이다. 하지만 일정 시간만 노력하면 얼마든지 곧 일찍 잠들 수 있게 된다. 빠르면 며칠 안으로, 아무리 늦어도 한 달 정도면 된다. 앞의 스다의 경우처럼 특별히 힘들어하는 케이스도 있기는 하지만, 대개의 경우 '일찍 일어나기'보다 '일찍 잠들기'는 상대적으로 시작하기 쉽다.

하지만 문제는 일찍 잠들게 되기까지의 과정에 있다. 처음 마음을 먹고 잠을 청하다가도 잠들지 못하는 날이 며칠 또는 몇 주 계속되다 보면 흔들리기가 쉽다. 잠들지 못하는 시간이 아깝기도 하고, '이럴 바에야 ……' 하는 심정으로 예전의 습성으로 돌아가기 십상이다. 아침에 하기로 마음을 먹었던 영어 공부를 다시 밤에 시작한다거나, 인터넷 게임 앞에 다시 앉게 되는 것이다.

또 '집에 일찍 들어가봐야 잠도 안 오는데 뭐……' 하는 마음으로 친구나 동료들과 술자리를 벌이는 일들이 잦아지기도 한다. 다시 야행성 생활로 빠져들고 마는 것이다.

'어차피 할 일도 좀 남아 있으니……' 하며 아예 퇴근을 미루고 회사에서 시간을 보내는 경우도 있는데, 이는 저녁마다 술자리를 갖는 것만큼이나 위험한 일이다. 그런 날이 반복되다 보면 정작 낮 시간에는 일을 저녁으로 미루고 느슨하게 보내는 습관이 생긴다. 하루 일과시간을 8시간으로 보지 않고 10시간, 12시간으로 생각하게 되는 것이다. 업무를 대하는 긴장감이 있을 리 없고 효율성도 떨어진다. 사무직에서 많이 보이는 습관적인 야근은 대개 이렇게 생겨나는 것이다.

일찍 잠들기 위한 방법으로는, 3부에도 언급하겠지만, 운동이 가장 효과적이다. 정신적 피로도 잠을 촉진하지만 그보다는 육체적 피로가 잠을 청하는 데는 가장 확실한 방법이다. 만일 스다처럼 몸을 적게 움직이는 일에 종사하는 사람이라면 운동을 통해 몸을 피로하게 만들어줄 필요가 있다.

또 단순 반복형 노동에 종사하는 사람도 운동은 필요하다. 잠을 부르는 피로감이란 몸 전체가 나른하게 느껴지는 것이다. 하지만 신체 일부만을 집중적으로 사용하는 노동은 그러한 피로감을 가져오기 어렵기 때문에 적당한 전신 운동으로 몸 전체의 에너지를 고루 소모해주어야 한다.

이러한 운동은 비단 잠들기 위한 것만은 아니다. 일찍 자고 일찍 일어나는 습관이 생긴 이후에도 꾸준히 운동을 계속해야 한다. 처음에는 피로를 얻기 위해 운동을 하지만 점차 그 반대로 몸에 힘이 붙게 된다. 일상적으로 쓰는 근육만 사용하다 보면 몸 전체적으로는 근육이 약해지고 힘을 잃게 된다.

건축 공사장의 사람들은 매일 비지땀을 흘리며 근육을 이용해 일하기 때문에, 몸에 군살도 없고 온몸이 근육질일 것이라 생각하기 쉽다. 하지만 그들도 기능에 따라 주로 쓰는 근육이 다르다. 토목공사만 수십 년을 하며 주로 상체와 팔의 힘으로 일해온 사람들은 어깨와 팔, 가슴 근육은 극도로 발달한 반면, 아랫배는 불룩 튀어나오고 다리는 팔에 비해 가느다란, 다소 기형적인 모습으로 변한다. 그래서 누구나 몸 전체를 이용하는 운동이 필요하다.

☀ 몇 시에 자고 몇 시에 일어나는 것이 좋은가

그렇다면 이제 독자들은 궁금할 것이다. 대체 수면 시간은 어느 정도가 적당한 것인지, 또 몇 시에 자고 몇 시에 일어나는 것이 가장 올바른지…….

이에 대한 답을 얻자면 먼저 밤부터 아침까지의 시간들이 우리 몸과 어떤 관계가 있는지를 살펴야 할 것이다. 시간에 따른 우리 몸의 변화에 대해서는 연구하는 사람들마다 약간씩 견해 차이가 있다. 하지만 누구나 인정하는 선에서 종합해보면 다음과 같은 논리가 가능하다.

먼저 오전 5시에 대해 알아보자. 사람의 맥박은 오전 5시에 가장 빨라진다고 한다. 이는 외부의 기온, 습도, 기압의 상태가 가장 불안정한 시간대이기 때문이다. 자고 있는 동안에도 몸은 외부의 자극에 대해 반응한다. 맥박이 빨라지는 것은 다름 아닌 불안정한 외부로부터의 자극에 대한 방어 반응이라고 할 수 있다.

오래 자는 것보다는 짧은 시간이라도 숙면(熟眠)을 취하는 것이 좋다는 이야기는 상식이다. 그렇다면 같은 시간을 자더라도 이왕이면 숙면을 취할 수 있는 시간을 택하는 것이 좋을 것이다. 그런 면에서 보면, 몸을 둘러싼 환경이 가장 불안정하고, 이에 따라 사람의 맥박이 가장 빨라지는 시간인 오전 5시는 깊은 잠을 자기에 적당한 시간은 아닌 셈이다.

그렇다면 여기에서 한 가지 결론은 내릴 수 있다. 오전 5시는 잠들어 있기보다 깨어 있는 것이 효율적이라는 것이다. 즉 기상 시각을 오전 5시로 정하는 것이 좋다는 결론이다.

잠드는 시간은 언제가 좋을까? 보통 가장 적당한 수면 시간은 8시간 정도라고 보는 게 통설이다. 많은 사람들이 체험적으로 느낀 바도 그렇다. 그렇다면 오전 5시에 일어나기 위해서는 오후 9시에는 잠들어야 한다. 하지만 우리의 생활 리듬으로 볼 때 오후 9시에 잠드는 것은 다소 무리이다. 어떻게 해야 할까?

해결 방안은 '8시간 수면'이라는 통설에 대해 단순한 양적 시간이 아닌 질적인 문제로 접근해보는 데서 찾을 수 있다. 8시간이라는 숫자를 절대적으로 받아들일 필요는 없다. 왜냐하면 이때의 8시간은 시간대에 따른 수면의 효율과는 무관하게, '어느 시간대에 잠들더라도 8시간 정도면 충분한 휴식이 된다'는 의미로 보아야 한다. 따라서 숙면을 취할 수 있는 시간대와 그렇지 않은 시간대의 수면 시간을 똑같이 볼 수는 없다.

예를 들어 같은 8시간이라 해도 오후 10시~오전 6시 사이의 수면보다 오후 9시~오전 5시 사이의 수면이 훨씬 알찬 수면인 것이다. 오전 5시의 수면 효율이 떨어지기 때문이다. 따라서 기상 시간을 오전 5시로 하면 반드시 8시간이 아니더라도 충분한 수면을 할 수 있다. 수면 효율은 사람에 따라 차이가 있기 때문에 다소 다를 수는 있겠지만, 오전 5시에 일어나는 사람은 6시간만 자더라도 다른 시간대의 8시간과 비슷한 효과가 있다. 그렇다면 오후 11시에 잠들어도 무방하다는 얘기가 된다.

가장 이상적인 수면 시간은 오후 11시~오전 5시라고 생각하면 된다. 이것만으로도 우리는 2시간을 번 셈이다.

☀ 아침 5시에 일어나면 4시간이 이익

시간대와 신체의 관계에 대해 조금 더 알아보면서 '11시

~5시 수면'의 효과에 대해 살펴보자.

사람은 체온이 낮을 때 숙면을 취할 수 있다. 체온은 오후 2시경에 최고점에 달하고, 반대로 한밤중인 오전 2시~4시 사이에 최저가 된다. 그리고 4시경부터는 다시 체온이 상승하기 시작한다. 따라서 오전 2시~4시는 가장 숙면하기에 좋은 시간대이다. 결국 이 시간에는 다른 무엇을 하는 것보다도 잠을 자는 것이 가장 효과적이다.

그리고 같은 체온이라 해도 체온이 내려가는 국면(오후 11시~오전 1시)은 깊이 잠들 수 있는 조건이 되고, 체온이 올라가는 국면(오전 5시~6시)은 잠이 얕아지는 조건이 된다. 따라서 체온이 최저점을 향하는 오후 11시 전후에 잠들어서, 체온이 상승 곡선에 접어든 오전 5시에 일어나는 것이 24시간 중 가장 효율적인 수면 시간인 셈이다.

잠이 깬 5시부터 1시간가량이 지난 오전 6시부터 8시까지는 두뇌가 가장 명석해지는 시간이다. 이때의 집중력이나 판단력은 낮 시간의 세 배에 달한다. 이 시간 중에서 1시간만 공부나 업무를 위해 쓴다 해도 낮의 3시간과 맞먹는다. 앞서 수면 시간을 효율적으로 정하면서 2시간을 벌었던 것을 상기하면, 아침 5시에 일어나는 것은 남들보다 4시간을 더 버는 것과 다름없다.

이렇듯 아침 시간은 인간에게 보배와 같은 것이다. 그 보배만 잘 활용할 수 있다면 인생이 달라진다.

☀️ 아침 운동은 하루의 워밍업

건강한 삶을 유지하기 위한 우리의 생활습관 중에서 가장 중요한 요소가 수면, 운동, 식사이다. 이 세 가지만 제대로 되면 특별한 질병이 아닌 이상 건강하게 장수를 누릴 수 있다. 어렵게 생각할 필요 없다. 누구나 자고, 누구나 움직이고, 누구나 먹는다. 특별할 것도 없는 우리의 일상이다. 다만 잘못된 습관을 개선하여 '잘 자고, 잘 움직이고, 잘 먹어야' 한다.

앞에서는 주로 수면에 대한 이야기를 했으니 이제 식사(아침 식사)와 운동(아침 운동)에 대해 반드시 유의해야 할 사항을 잠시 강조해두고자 한다.

먼저 운동에 대해 이야기해보자. 운동의 효과에 대해서는 여기에서 굳이 길게 설명할 필요가 없을 것이다. 다만

한 가지 주지했으면 하는 것은, 아침과 저녁에 하는 운동이 달라야 한다는 것이다.

새벽이면 조깅을 하는 사람들이 많다. 어떤 이들은 5킬로미터, 10킬로미터씩 달리면서 땀을 낼 것이다. 물론 이렇게 아침에 달리는 것이 나쁜 것은 아니다. 하지만 격한 운동일수록 저녁에 하는 것이 좋다. 아침에는 주로 가벼운 체조와 걷기(산책), 가볍게 뛰기 등으로 몸을 '워밍업'하는 정도가 적당하다.

아침에 무리한 운동을 피해야 하는 여러 가지 과학적인 이유들도 있지만, 상식적인 판단에 기초해 생각하면 된다. 첫째, 아침 6~8시까지는 하루 중 뇌 활동이 가장 원활하고 머리가 맑은 시간이다. 또 저녁이나 밤 시간에 비해 상대적으로 '이성적'인 시간이다. 이런 시간을 육체적인 운동으로 소비하기는 아깝다. 하루를 계획하고, 정보를 받아들이고, 부족한 공부를 하는 시간으로 활용하는 것이 좋다.

둘째, 잠자리에서 이제 막 일어난 몸은 교감신경과 부교감신경이 막 임무 교대를 하는 시간이다. 자율신경이 하루 중 가장 불안정한 시기인 것이다. 신체 근육도 완전히 깨어나지 못한 상태이다. 그런 몸을 갑자기 무리하게 움직이는 것은 여러모로 좋지 않다.

셋째, 아침에 지나치게 에너지를 소모하면 하루를 균형 있게 활용하기 어렵다. 오랫동안의 습관으로 굳은 사람들은 좀 다르겠지만, 대부분의 경우에는 낮 시간에 피로를 느끼게 된다.

이런 이유들 때문에 '아침 운동은 하루의 워밍업'이라는 생각으로 가볍게 움직여주는 것이 좋다.

☀ 아침 식사는 풍성하게

아침 식사는 반드시 챙겨야 한다. 그 반대 의견을 제시하는 이들도 있지만, 믿을 만한 의학적 결론은 '먹어야 한다'는 것이다. 이미 상식이 된 사실이니 더는 생략하자.

아침을 먹지 않거나 대충 때우는 사람들은 그 이유로, 가장 흔하게 '아침에는 식욕이 없다', '시간이 없다'고들 말한다. 방법은 간단하다. 일찍 일어나면 된다. 하지만 아침 일찍 일어난다 해도 곧바로 먹는 음식은 맛이 있을 리 없다.

따뜻한 차 한 잔, 가벼운 체조, 적당한 산책으로 심신을 완전히 깨운 다음 식탁에 앉아야 한다. 위는 새벽녘부터 시작되는 자율신경의 활동에 의해 활성화되면서 음식물을 받아들일 준비를 갖추어나간다. 그리고 산책 같은 운동을 해주면 내장을 자극하여 소화액의 분비도 충분해지기 때문에 공복감이 더해진다.

아침의 식욕을 돋우기 위해 또 한 가지 유의할 점은, 전날 밤 9시 이후에는 음식을 섭취하지 않아야 한다는 것이다. 그래야만 아침에 뱃속이 편안하고 식욕도 생긴다. 잠들기 전의 야식은 아침 속을 더부룩하게 하고 식욕도 떨어뜨린다.

결혼한 남자의 경우 '아내가 안 챙겨준다'는 핑계를 대는 사람들이 있다. 맞벌이라면 서로 도와 아침을 준비해야 하는 것이 마땅하다. 아내가 전업주부라면 남편과 자녀의 아침 식사를 준비하는 것은 가정을 경영하는 사람에게 주어진 중요한 임무이자 숭고한 일이므로 챙길 수 있어야 한다.

만일 배우자가 아침형인간이 아니어서 아침 식사를 하는 습관이 전혀 안 되어 있다면, 본인이라도 전날 간단한 준비를 해놓고 스스로 챙겨서 먹어야 한다. 궁극적으로는 함께 사는 배우자와 자녀들도 모두 아침형인간에 동참시켜야 한다. 이 책 말미에 그에 대한 내용이 있다.

아침 식사는 '반드시 먹어야 한다'는 차원을 넘어 세 끼 식사 중 '가장 중요하다.' 아침에 섭취한 음식은 그날 하루의 에너지, 특히 뇌의 활동에 절대적인 영향을 미친다. 하루에 필요한 에너지 대부분을 아침에 충전한다고 생각해야 한다. 이를 위해 두 가지에 유의하여 아침 식사를 해야 한다.

그 하나는, 아무거나 먹어서는 안 된다는 것이다. 양은 적게 하되 영양이 풍부한 식탁을 준비해야 한다. 또 가급적 채식 중심이어야 한다. 푸른 야채는 두뇌 활동에 필요한 영양을 고루 공급해주면서도 몸의 부담은 최소화한다. 이러한 채식의 장점이야 점심이나 저녁 식사라고 해서 다르지 않지만, 두뇌 활동이 왕성해지고 소화력이 좋을 뿐더러 하루의 컨디션을 좌우한다는 면에서 아침에 더욱 필요한 식단이다.

또 하나는, 천천히 먹으라는 것이다. 이 또한 채식처럼 아침에만 해당하는 이야기는 아니다. 하지만 아침에는 자칫하면 서두르게 되기 때문에 의식적으로 천천히 꼭꼭 씹어 먹도록 해야 한다. 그래야만 영양의 흡수도 잘되고 과

식하지 않게 된다. 가뿐하면서도 든든한 아침이 될 수 있을 것이다.

이렇게 아침 식사를 하는 사람에게 비만을 찾아보기는 어렵다. 자연히 성인병으로부터도 멀어질 수 있다.

☀ 시간에 쫓기는 사람에서 시간을 지배하는 사람으로

왜 야행성 생활이 인간에게 무리한 것이며 성공으로부터 멀어지게 하는지, 왜 아침형인간이 보다 인간다운 삶, 행복한 삶의 전형이 되는지를 개략적으로나마 살펴봤다.

어찌 보면 어릴 적부터 무수히 들어온 잔소리 같은 이야기에 불과하다고 생각할지도 모른다. 또 그렇기 때문에 진부하고 식상한 이야기로 치부해버릴지 모르겠다. 하지만 어린 시절에는 왜 그렇게 해야 하는지도 모른 채 부모님과 선생님의 말씀만 따랐다면, 이제는 스스로 분명한 목적의식을 가져야 한다.

야행성 생활이 나의 인생 전체를 나락에 떨어뜨릴 수도 있다는 것, 드물게는 돈과 명예를 얻을 수 있을지언정 진정으로 원하던 건강한 삶, 행복한 삶에서는 멀어질 수 있다는 것, 아침형인간으로의 변화만이 근본적으로 나를 바꾸고 나의 미래와 성공을 가져다줄 것이라는 인식이 분명해져야 한다.

야행성인간에서 아침형인간으로 변화한다는 것을 달리 표현하면, 시간에 쫓기는 삶에서 시간을 지배하는 삶으로 옮겨가는 것을 의미한다. 시간에 끌려다니는 사람과 시간을 이끄는 사람의 일상이 어떻게 다른지에 대해서는 앞의 예들이 선명하게 보여주고 있다.

하루는 24시간 이상 주어지지 않고, 인생 또한 유한하다. 따라서 아침을 지배하는 사람은 하루를 지배할 수 있고, 그 하루하루를 지배하는 사람은 인생을 지배할 수 있다. 인생을 지배하는 사람은 자신이 인생을 통해 얻고자 했던 가치를 얻게 될 것이다.

시간의 소중함이나 아침의 가치에 대해 이야기하는 것으로 이 책을 시작할 수도 있었을 테지만, 나는 오히려 야행성 생활의 폐해를 드러냄으로써 이 책이 필요한 독자들의 경각심을 자극하는, 일종의 네거티브 전략을 택했다.

만일 나의 의도대로 자신의 생활에 대한 문제를 인식하

고 그 심각성을 느꼈다면, 이제 다음 섹션으로 넘어가기 바란다. 아침형인간으로의 변화 의지를 굳히는 시간이 될 것이다. 그러고 나면 완전한 아침형인간으로 변화하기 위해 필요한 100일(14주)간의 스케줄이 기다리고 있다. 100일이라는 시간은 서두에서도 밝혔듯이 새로운 생활 습관이 몸에 완전히 배어 자연스러워지기 위해 필요한 절대적인 시간이다.

야행성 생활 벗어나기

습관성 저녁 활동을 과감히 바꿔라

- 습관적인 야근, 상습적인 음주는 불규칙한 야행성 생활을 만드는 원흉이다.
- 아무리 취지가 좋다 해도 지나친 취미생활은 억제해야 한다.
- 공부나 자기계발은 아침 시간을 활용하라.
- 중독성이 강한 저녁 활동(도박, 게임, 술 등)은 당장 끊어야 한다.

건강을 체크하라

- 젊은 나이라면, 가벼운 질병에 대한 자연치유력을 점검해보아야 한다.
- 중년 이후라면, 이전보다 기능이 떨어진 몸 상태를 인정하고 건강검진을 받아야 한다.

밤 9시 이전에 집에 들어가라

- 집을 나서는 시간이 정해져 있듯이 들어가는 시간도 정확해야 한다.
- 9시 이후에는 아무것도 먹지 말고, 가벼운 목욕과 독서를 하는 것이 좋다.

잠과 친해져라

- 잠을 극복하려는 것은 배고픔을 극복하려는 것과 같이 어리석은 일이다.
- 효과적인 활동을 위해 충분한 수면은 반드시 필요하다는 점을 각인시켜야 한다.
- 자신에게 맞는 수면 시간을 정하고 충분히 자야 한다.

수면 시간은 오후 11시부터 오전 5시를 기준으로 정하라

- 외부 환경과 인체의 리듬을 고려한 '11시~5시 수면'을 취하라.
- 불가피한 경우라 해도 11시 이전에 잠들고, 5시 이전에 일어나야 한다.

주변에 꾸준히 알리고 각인시켜라

- 자신의 다짐과 계획을 만나는 사람마다 알리고 협조를 구하라.
- 일방적 협조보다는 상대로 하여금 동참하게 하는 것이 효과적이다.
- 저녁 술자리는 가급적 피해야 한다.
- 불가피한 술자리라 해도 1차까지만 참석하라.

저녁 운동을 하라

- 아침에는 가벼운 운동, 저녁에는 땀을 흘리는 유산소 운동이 좋다.
- 전신의 근육을 사용하는 운동을 택하는 것이 좋다.

- 가급적 간단하고 언제 어디서든 할 수 있는 운동(달리기, 줄넘기 등)을 택하라.
- 운동은 노동이 아니다. 고통스러워 억지로 하게 되는 운동은 피해야 한다.

2

어째서 아침형인간이
인정받을까

조금만 아침을 바꾸면 자신에게 할애된 그 시간의 '질'이 달라

진다.

다케우치 교수는 오전 5시부터 8시까지를 '시간을 버는 시간'

이라고 표현한다. 뇌세포가 활성화되는 이른 아침의 1시간은

낮이나 밤의 3시간과 맞먹는다. 따라서 하루는 누구에게나 24

시간이지만 이른 아침의 시간만 잘 이용하면 30시간 이상의

가치를 창출할 수 있다는 것이다.

오늘도 똑같은 환경에서 어떤 사람은 일찍 하루를 시작한 덕에

지하철을 훌륭한 서재로 활용하고 어떤 사람은 아침부터 몸이

나 축내는 공간으로 활용하고 있다.

성공한 사람들은 모두
아침에 깨어 있었다

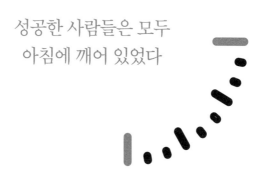

☀ 아침을 보면 그 사람의 미래가 보인다

"내 앞에 장래가 촉망되는 청년이 있다고 가정하자. 그런데 그가 '밤에는 얼마든지 괜찮지만, 아침에는 일찍 일어나는 게 좀 힘들어서……'라며 쓴웃음을 짓는다면, 나는 그 한 마디만으로도 더 이상 그를 평가하고 싶다는 생각이 싹 달아난다. 일찍 일어날 수 있느냐 없느냐에 따라 인생이 달라지기 때문이다."

일본잉크화학공업의 사장이었던 가와무라 시게쿠니의

말이다.

아침에 사람들을 살펴보면 왠지 그 사람의 컬러가 없어 보이고, 향기도 느껴지지 않는 사람들이 있다. 그런 이들은 대부분, 지각은 아니라 해도 출근시간에 겨우겨우 맞춰 회사에 뛰어든다는 공통점이 있다. 야행성 생활에 젖은 사람이거나, 최소한 아침형 생활을 하지는 않는 사람들이다. 가와무라의 회사에도 그런 사람이 30% 정도는 있는 모양이다.

가와무라가 볼 때, 그런 사원들은 우선 체력이 버텨주지 못하고, 두뇌 활동도 둔하다고 한다. 게다가 '일이 남으면 잔업하지'라는 안이한 생각을 하기 때문에 시간을 야무지게 쓰지 않고, 따라서 하루 종일 느슨해져 있다고 한다.

"제 경험에 비추어 보면, 아침에는 일찍 회사에 나오고 밤에는 정확히 귀가하는 규칙적인 사원이 다른 모든 일도 제대로 하는 사람인 경우가 많았습니다. 반면 저녁이나 밤까지 덮어놓고 일만 하는 사람은 서른을 넘기기가 무섭게 성과가 뚝 떨어지는 예가 많습니다."

그러면서 가와무라는 '일찍 일어나는 것은 성공하기 위한 가장 중요한 요소'라고 단언한다.

"경영진 중에 아침형 생활을 하지 않는 사람이 드뭅니다. 그들은 대개 나이가 많지만, 그렇다고 나이를 먹어서 자연히 아침형인간이 된 것은 아니거든요. 젊어서부터 아침형인간으로서 규칙적인 생활을 하고 있었고, 자신의 리듬을 만들어왔기 때문에 능력을 쌓고 또 발휘할 수 있었던 것입니다. 그리고 그 결과로 최고의 자리에 오를 수 있게 된 것이죠."

확실히 기업의 최고경영자나 임원들은 거의 예외 없이 아침형 생활을 한다. 나 또한 아직까지 그만한 위치에 있는 사람 중에 아침이 게으른 사람을 보지 못했다.

그들의 아침은 다른 사람들보다 몇 시간씩 빨리 시작된다. 숱한 조찬 모임들도 아침형인간들이 자연스럽게 만들어낸 문화이다.

매일 아침 식사하기 전인 오전 7시에 중역회의를 열었던 아사노 그룹의 창업자 아사노 소이치로, 새벽 4시에 일어나 5시에 중역회의를 열었던 세이부 그룹의 츠츠미 야스지로 등 많은 경영자들이 아침을 최대한 활용해왔고 지금도 그렇다.

그것은 책임감, 성취욕, 경쟁심 등이 남다른 경영자들의 특성이기도 하고, 현실적으로 너무 바쁜 탓이기도 하지만, 적어도 그들은 아침의 1시간이 낮의 3시간에 상응한다는 것을 잘 알고 있었던 것이다.

☀ 리더는 아침을 가장 소중하게 사용한다

비단 오늘날의 기업 경영자들만이 아니다. 어느 시대, 어느 지역에서나 조직과 국가의 리더는 아침을 소중하게 여기는 사람들이었다.

오다 노부나가는 매일 아침 4시경에 일어나 가장 빠른 말을 타고 달리는 것이 일상의 시작이었다. 그는 항상 똑같은 곳까지 갔다가 돌아왔다. 왕복 40리(약 16킬로미터)를 말을 타고 달리면서, 가는 길에는 전략을 짜고 돌아오는 길에는 결단을 내렸다.

어지러운 전란 속에서도 늘 날카로운 예지와 결단을 보이면서 결국 패권을 쥘 수 있었던 것은 바로 이 아침의 사색 덕분이었다. 이 말 위에서의 시간이야말로 노부나가를 가장 노부나가답게 만든 시간이었다고 할 수 있다.

일본에서는 사회가 불안정할수록 전국시대(戰國時代) 무장들을 다룬 책이 잘 팔린다. 혼돈의 상황 속에서 자신에게 유리한 질서를 만들어나가는 전략과 사고방식을 배우고자 함일 것이다. 오다 노부나가는 그러한 대상 중에서도 늘 수위에 꼽힌다. 그가 물리력만을 앞세운 용장이라기보다는, 늘 자신만의 아침 시간을 통해 사색하고 결단하고 계획해온 전략가이기에 가능한 현상이다.

만일 당신이 전국시대의 장수라면 어떠할 것 같은가? 자신의 목숨이 달아나고 부하 장병들이 피 흘리며 죽어갈 수도 있는 상황에서 밤이면 주색잡기에 빠져 총기를 흐리고, 아침이면 늦잠을 자고 허둥대며 적을 맞이할 수 있겠는가? 오늘날의 비즈니스가 전국시대보다 더 치열할지언정 결코 덜하지는 않을 것이다.

노부나가는 4시경에 말을 타고 나갔지만, 그의 시중을 들던 기노시타 도우기치로(훗날의 도요토미 히데요시)는 그보다 더 이른 오전 3시쯤에 일어나 말이 달릴 수 있도록 준비를 했고, 노부나가가 신을 신발을 자기 품속에 넣어 따뜻하게 데웠다. 그는 노부나가의 인정을 받아 승승장구했을 뿐아니라, 마침내 천하통일이라는 꿈을 일궈냈다.

☀ 저녁 할 일, 아침 할 일이 다르다

옛날 조정에서는 동이 트는 시간에 업무를 시작해서 점심 무렵에는 마쳤다고 한다. 이른 아침 떠오르는 해의 기운과 함께 일을 시작하고, 오후에는 집으로 돌아가 책 읽고 글을 쓰거나 손님을 맞이했을 옛사람들이 눈에 선하다. 물론 철저한 계급 사회에서 극히 제한된 일부 고관들에 해당하는 것이었겠지만, 적어도 아침의 효용을 알고 있었기에 가능한 일이었다.

오늘날의 정치인들 중에서도 성공적인 활동을 펴고 있는 이들을 보면 아침을 남다르게 활용하고 있는 사람들이다. 경영자들 못지않게 조찬 모임이나 공부 모임을 하는 사람들이 많다. 의외로 '공부'를 하는 정치인들이 많은 편인데, 이는 직업적인 특성상 정책 개발 등 의정 활동을 위한 자기 노력이라고 볼 수 있다. 일반 국민에게 정치인은 결코 긍정적인 이미지는 아닌 것 같지만, 자세히 들여다보면 일반 사람들이 갖지 못한 열정과 자기관리 능력을 가진 사람들이 대부분이다.

한 국회의원은 자신의 주요 후원회원들과 공부 모임을

만들었다. 정책 토론도 하고, 민의도 듣고, 사회적 현안에 대한 연구도 하는 등 의욕적인 목표를 가진 모임이었다. 참석하는 후원회원들은 주로 대기업 간부들이나 자영업자들이었다. 처음 이들은 아침 모임을 원했지만, 그 국회의원은 평소에도 아침 시간에 자신이 없던 터라 저녁 시간으로 정했다.

하지만 막상 저녁에 모임을 갖기 시작하자 애초 목적과는 달리 토론은 별 집중력이 없는 반면에 자연스럽게 술잔이 돌면서, 어느새 공부 모임이 술 모임으로 변하더라는 것이다. 몇 번의 시행착오를 거친 그 의원은, 이번에는 자신이 나서서 모임 시간을 아침으로 바꾸자고 제안했다. 결국 아침에 모임을 하면서는 애초 의도대로 모임이 충실해졌다고 한다.

아침과 저녁은 이렇게 다르다. 아침이든 저녁이든 관계없이 그들은 똑같은 목적과 똑같은 의지를 가지고 모임에 참석했을 테지만, 저녁 시간은 사람을 이성적이기보다 감성적으로 만든다. 또 하루의 피로 때문에 두뇌 활동도 약해지고 몸은 긴장으로부터 벗어나고 싶은 상태가 된다. 자신도 모르게 골치 아픈 토론은 시큰둥해지고 화기애애한 술자리 분위기로 흐르는 것이다. 정치인이든 경영자이든, 어느 분야든 성공한 위치에 있는 이들의 젊은 시절을 물어보라. 그들은 대부분 오랜 아침형 생활의 습관을 가진 사람들이다.

☀ 인생의 전환점, 새로운 도전

이카리방역회사의 전무인 구로사와 마사츠쿠는 매일 아침 3시 30분에 일어난다. 그는 국가공인 자격증과 민간 자격증을 합쳐 모두 60개가 넘는 자격증을 가지고 있어 '걸어 다니는 자격증'이라고 불리는 사람이다. 구로사와가 자격증에 도전하기 시작하고, 그것을 위해 아침 일찍 일어나는 생활을 시작한 데는 그럴 만한 사연이 있었다.

그가 전무로 있는 이카리방역은 호텔이나 백화점 같은 빌딩 그리고 선박의 방역 작업을 대행해주는 회사로, 창업주는 그의 아버지였다. 하지만 아버지가 돌아가시고 나서 23세의 형이 사장으로 취임했고 21세의 자신은 형을 도와 함께 일하고 있었다.

가업을 잇는 전통이 강한 일본이지만 구로사와와 그의 형은 아직 경험도 부족할뿐더러 이 직업에 대해서도 투철한 철학이나 전문지식이 별로 없었다. 그래서인지 아버지가 이끌던 시절에 비해 회사의 실적이 조금씩 하락해가기 시작했다. 아버지 시절 오랫동안 거래를 유지해오던 빌딩들에서 해약을 통지해오거나 재계약을 미루는 일들이 많아졌다. 이유는 간단했다. 전에 없이 작업상의 크고 작은 실수들이 많이 발생했기 때문이다.

그러던 어느 날, 결국 두 형제에게 돌이킬 수 없는 사고가 발생했다. 도쿄 이케부쿠로의 한 백화점에서 소독 작업을 하던 중에 작업 인부의 부주의로 화재가 발생한 것이다. 불은 이 백화점의 7층, 8층을 모두 태워버렸다. 7명의 사망자와 130여 명의 부상자를 낸 대참사였다. 사회적으로도 사업적으로도 회사는 회생이 불가능했다.

보상 문제는 보험으로 어떻게 해결된다 해도, 사장의 형사 책임은 면하기 어려워 보였고, 가장 큰 고객이었던 그 백화점과의 거래 단절, 그리고 모든 고객들로부터의 불신은 돌이킬 수 없는 타격이었다..

아직 어린 나이의 형제는 사람을 죽인 사고의 책임으로

고통스러웠고 아버지의 유업을 허무하게 잿더미로 만들어버린 사실에 망연자실했다. 하지만 하나씩 수습을 해야 했다.

구로사와 형제는 경찰과 유족 그리고 직원들 사이를 뛰어다니며 사후 수습에 최선을 다하는 한편, 백화점의 소유주를 찾아가 머리를 떨구고 사과를 했다. 그런데 어찌된 일인가. 생각지도 않은 따뜻한 격려의 말이 돌아왔다.

"이미 벌어진 일은 어쩔 수 없지. 아버님께서 남기신 훌륭한 회사니까 두 번 다시는 이런 사고가 없도록 조심하면서 열심히 하게. 그러다 보면 또다시 신뢰를 쌓을 수 있을 걸세. 자네들은 아직 젊어. 큰 경험했다 생각하고 다시 시작해보게."

형제는 감동했고, 힘을 얻었다. 형은 법정에서 자신의 잘못을 인정하고 유족에게 사죄하면서 마땅한 벌을 청했다. 구로사와도 세상 살아가는 마음가짐을 새롭게 했다. 일을 대하는 자신의 태도, 세상을 바라보는 자신의 태도를 다시 돌아보게 됐다.

사고 후 소방서와 사고 관련 관공서로 여러 차례 불려다니며 사고 조사를 받는 과정에서 구로사와는 크게 깨달았다. 자신과 회사가 하는 일이 생각했던 것보다 훨씬 전문적인 지식과 기술을 필요로 한다는 것을. 그동안 얼마나 안이하게 일을 대해왔던가 생각하면 식은땀까지 났다. 백화점의 사고는 예고된 것이나 다름없으며, 이전의 크고 작은 사고들은 그에 따른 분명한 경고 신호였음을 깨달았다.

그는 방역 분야의 전문가가 되기로 작심했다. 자신부터 시작해서 이카리방역 전체를 철저한 전문가 집단으로 만들겠다는 각오를 다졌다. 어느 누구보다 믿을 수 있고 철저한 회사를 만들겠다는, 그래서 고객에게 확실한 방역 서비스를 제공하고, 이번의 사고처럼 남에게 큰 피해를 주는 일은 결코 없어야겠다는 다짐이었다. 그가 가장 먼저 취득한 자격증은 소방법에 명시되어 있는 '위험물취급자격증'이었다. 그것이 '걸어 다니는 자격증'의 시작이었다.

☀ 아침형 생활은 인생의 목표를 향한 시작

구로사와의 결심은 대단한 것이었지만 생각보다 실행이 쉽지는 않았다. 가장 큰 문제는 시간이 부족하다는 것이었다.

사고 후 풍비박산이 된 회사를 어떻게든 추슬러야 했고, 거래가 단절된 고객들을 설득하기 위해 동분서주해야 했다.

그러다 보면 저녁에는 몸도 마음도 피곤해지고, 그럴 때면 마음 맞는 친구들과 술잔이라도 기울이면서 힘든 속내를 털어놓기라도 해야 마음이 조금 편안해졌다. 생각처럼 공부할 시간을 만들기는 쉽지 않았다.

그는 원래부터가 야행성이었다. 학생 시절에도 공부는 밤에 하는 것을 당연시했다. 사고 이후에는 야행성일지언정 비교적 규칙적이던 생활마저 뒤죽박죽이 되었다. 피곤한 몸을 이끌고 자격증 공부를 하겠다고 눈을 부릅떠가며 새벽까지 버텨보기도 하고, 회사 일로 밤 12시를 넘겨 들어오는 일도 잦았다. 할 일은 많은데, 그런 날이 계속될수록 몸은 점점 쇠약해졌다. 의지는 넘쳐나지만 방법을 몰랐던 셈이다.

그러던 그가 안정을 찾고 회사 일과 공부에 능률을 올리게 된 것은 아침형인간으로 변화하기 시작하면서부터였다. 그의 집 근처에는 '아침을 여는 모임'이라는 간판의 사무실이 하나 있었다. 지나다니며 본 적은 있지만 별 관심을 두지는 않았던 곳이다. 하지만 힘든 나날을 보내던 어

느 순간 그 간판에 마음이 끌렸다. 어느 날 아침 일찍 일어
난 그는 그 사무실을 찾았다. 창밖에서 안을 들여다보니
20~30명의 사람들이 바른 자세로 앉아 강사의 말을 경청
하고 있었다.

"눈을 뜨면 즉시 일어나세요. 새벽에 일어나면 대자연의
리듬을 탈 수 있어요. 이 리듬을 타는 게 무척 중요합니다."

창틈으로 들려오는 강사의 말은, 일견 평범한 듯하지만
구로사와의 귀에는 신선한 깨달음처럼 다가왔다. 이후, 구
로사와는 부인과 함께 3시 30분에 일어나는 생활을 시작하
였다. 그 모임에 가입해서 체조도 하고, 요가도 하고, 명상
도 하고, 차도 마시고, 아침형 생활에 대한 경험도 나누면
서 하루를 시작했다.

그 모임은 동네 주민들끼리의 자발적인 모임으로 서로
경험을 나누는 것이 주목적이었다. 그래서 처음 아침형인
간에 도전하는 구로사와에게는 구체적인 방법들을 얻는 데
더없이 많은 도움이 됐다. 공부도 아침 시간에 집중적으로
했다. 물론 쉽지 않았다. 회사에 나가 졸기도 하고, 어떤 날
은 일어나는 데 실패하기도 했다. 하지만 차츰 그의 몸과
마음은 리듬을 타기 시작했다.

그것은 지금까지 경험해보지 못한 '건강한 리듬'이었다.

☀ 1일 4분론

구로사와가 아침형인간으로 바뀌면서 가장 크게 달라진 것은 자신만의 시간을 만들었다는 점이다. 그것도 마음과 몸에 에너지가 왕성한 아침 시간을 갖게 된 것이다. 그는 오전 3시 30분에 일어나는 생활을 지금껏 하고 있다. 그때부터 출근할 때까지 4시간 이상이 오롯이 자신만의 황금 같은 시간이 된 것이다. 이 시간이 없었다면 구로사와의 자격증도, 그의 회사도 지금 같지는 못할 것이다.

물론 나는 구로사와의 기상 시각(3시 30분)이 다소 이르다는 생각이다. 앞서 살펴본 것처럼 시간대에 따른 환경의 변화로 보아 오전 5시가 가장 적절한 기상 시각이라는 데 생각의 변함이 없다. 하지만 시간은 각자의 체질적인 특성이나 자기 필요에 의해 정해져야 한다. 그의 기상 시각이 5시보다는 시간 효율에서 조금 떨어지지만 5시 이후 시간보다는 나을뿐더러 그 외 어느 시간대보다도 좋다. 물론 저녁 시간에 비할 바는 더더욱 아니다. 무엇보다도 그에게는 아침 시간이 '많이' 필요했다는 점이 중요하다.

어쨌거나 그에게 하루는 참 긴 시간이 되었다. 대자연이 주는 유한정한 하루 시간을 남들보다 훨씬 길고 효과적으로 쓰고 있는 것이다. 사람들은 보통 하루를 '아침-낮-밤'으로 구분지어 생각한다. 하지만 구로사와는 하루를 '이른 아침-아침-낮-밤'으로 구분 짓는다. 이것이 그의 1일 4분론(一日四分論)이다.

"아침형 생활을 계속하다 보니까 성격까지 변하는 것 같아요. 제가 원래는 좀 어두운 성격이어서, 다소 비관적인 면도 있고 또 과거 일에 많이 얽매여 벗어나지 못하는 경향도 있었거든요. 그런데 아침형 생활을 하면서는 언제부터인가 그런 성향이 사라지는 것 같더라고요. 훨씬 긍정적인 성격, 적극적인 성격으로 바뀌는 것 같아요. 그리고 아내도 저와 함께 생활 리듬을 맞추고 있는데, 부부 사이도 좋아지고 가정이 훨씬 원만해진 느낌입니다."

구로사와는 나이 마흔을 넘긴 지금도 한 해에 두 개씩 자격증을 따고 있고, 사시사철 감기를 달고 살았던 그의 부인은 이제 기침 한 번 하지 않을 만큼 건강해졌다.

☀️ 아침이 가져다준 구로사와의 꿈

구로사와에게 자극 받은 이카리방역의 직원들 사이에서도 자격증 취득 바람이 불었다. 현재는 450명의 사원 전원이 1인당 평균 4~5개의 자격을 취득하고 있다. 회사를 전문가 집단으로 키우려 했던 구로사와의 결심이 실현되고 있는 중이다.

표면적으로는 자격증이라는 구체적 성과물로 나타나고 있지만 직원들도 구로사와처럼 아침형인간으로의 변화가 보다 궁극적인 삶의 변화를 가져왔다고 입을 모은다. 한 직원의 말이다.

"아침형인간으로 바뀌면 자격증 몇 개가 문제가 아니죠. 생각도 바뀌고, 성격도 바뀌고, 일의 능률도 달라지고, 생활의 여유도 생겨요. 대인관계도 좋아지고 자신감도 생기죠. 그 시작은 아침에 있다고 봅니다. 뭐든 할 수 있을 것 같아요."

지금 이카리방역은 회사 전체가 '아침형회사'로 탈바꿈하고 있다. 개인의 생활뿐 아니다. 회사에서는 1주에 한 번씩 아침 7시 30분부터 미국인과 중국인 강사를 초빙해 영

어와 중국어 강좌를 열고 있다. 동남아시아에 해외영업소가 있기 때문이기도 하지만, 직원들 모두가 개인적으로도 의욕을 불태우고 있다.

또 모든 중요한 회의는 아침 일찍 시작하고 있다. 외부 전화나 사람의 접촉 같은 번잡함이 없는 시간에 맑은 정신으로 회의를 하다 보니 의사 결정도 빠르고 아이디어도 풍성해진다.

전체적으로 회의시간이 대폭 줄어든 것도 큰 소득이다. 이제 이카리방역은 방역 대행업뿐 아니라 세균·바이러스 대책부터 환경평가까지 폭넓게 관여하는 종합환경관리업체로 거듭났다. 그리고 업계 최고의 기업을 자랑한다.

구로사와는 아직 꿈을 멈추지 않고 있다. 그는 머지않아 이카리 그룹의 이름으로 환경보건대학을 설립하는 한편, 독자적인 자격제도를 개발하고 싶다는 더 큰 꿈을 불태우고 있다. 그는 이 모든 변화는 그저 '아침'이라는 상식적이고도 단순한 변화에서 시작되었다고 말한다.

"야행성인 분들은 이것을 생각해보셨으면 해요. 인생은 단 한 번뿐이라는 것을요. 유한한 자원이면서도 스스로 하기에 따라서는 몇 배로 늘려 사용할 수 있지요. 그중에서

특히 중요한 것이 아침이지요. 매너리즘을 깨고 한번 도전
해보시기 바랍니다. 인생의 전환점이 되고, 새로운 생활이
펼쳐질 것입니다."

아침의 1시간은
낮의 3시간이다

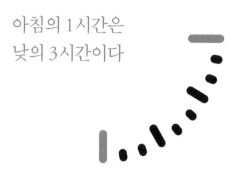

☀ 일찍 일어나면 세 가지가 득

흔히 일찍 일어나면 세 가지를 얻을 수 있다고들 한다. 첫째, 건강해지고, 둘째, 부유해지고, 셋째, 현명해진다. 세계 각국에는 오래전부터 아침에 일찍 일어날 것을 강조한 속담·격언들이 많다. 옛 어른들의 말씀이 대개 그렇듯이 상투적인 말로 들릴 수도 있다. 하지만 모든 절대적인 진리는 평범함 속에 있음을 우리는 잘 안다. 잠깐 그 말씀들을 들어보는 시간도 괜찮을 듯하다. 일본의 격언을 먼저 보자.

"아침 일찍 일어나 있는 것은 천 냥, 밤에 깨어 있는 것은
백 냥."
"일찍 자고 일찍 일어나면 병을 모른다."
"거지도 부지런하면 더운밥을 얻어먹는다."
"가난한 이는 늦도록 안 자고, 부자는 일찍 일어난다."
"늦잠을 좋아하면 밤에 논을 갈아야 한다."
"가난은 늦잠을 따른다."
"술과 늦잠은 가난의 지름길이다."

아침에 일찍 일어나는 것을 탓하는 속담도 있다. '아침
에 일어나면 가난해지고, 잠을 자고 있으면 복을 내린다'는
말이 그것이다. 하지만 오해 말도록. 이는 설날 아침에 국
한한 풍자적인 속담이다. 일 년 내내 열심히 일한 사람들
에게 정월 초하루쯤 게으름도 피워보라는 격려의 뜻이 담
긴 것이다. 항상 일찍 일어나 하루하루 최선을 다한 사람에
게 "이봐, 고생했어. 내일은 아무 부담 갖지 말고 푹 쉬어.
내일도 회사에 나오면 혼낼 거야"라고 말하는 것과 다를 바
없는 말이다. 이런 여유라면 얼마나 훈훈한가?
다른 나라들의 속담도 잠깐 살펴보자.

"아침 시간은 입에 금을 떠 넣는 것." (이탈리아)

"일찍 일어나는 새가 좋은 먹이를 얻는다." (영미권)

"일찍 일어나는 새는 주둥이를 헹구고, 늦게 일어난 새는 눈만 비빈다." (발트해 연안)

"아침의 새는 멀리 날아간다." (동유럽)

"아침은 밤보다 현명하다." (동유럽)

"아침은 밤보다 어른이다." (동유럽)

"일찍 일어나는 사람이 멀리 간다." (동유럽)

"일찍 일어나는 아가씨는 낭군을 만난다." (중남미)

"일찍 일어나는 사람은 맑은 물을 마실 수 있다." (중남미)

"신은 일찍 일어나는 자를 돕는다." (포르투갈)

"일찍 자고 일찍 일어나는 어린이는 잘 자란다." (포르투갈)

"아침 일찍 일어나는 자에게는 신의 은총이 내린다." (폴란드)

오래전부터, 아마도 인류가 생겨날 때부터 아침을 강조하는 가르침들은 있어왔을 것이다. 그만큼 중요하고 필요한 가치임에 틀림없다. 그러나 또 한편 이런 속담이나 격언들이 많다는 것은, 그럼에도 불구하고 아침을 일찍 시작하는 것이 어렵다는 반증이기도 하다. 참 단순하면서도 어려운 일이다.

☀ 출근 지옥은 없다

도쿄대학의 다케우치 히토시 명예교수는 밤 9시에 잠자리에 들어 아침 4시에 기상하는 생활을 실천하고 있다. 그는 "통근 시간이 긴 사람이 부럽다"고 말한다. 그는 아침 7시 30분에 학교에 출근한다.

"내가 아침 일찍 출근하는 이유 중의 하나는, 이른 시간이라 전철이 텅텅 비어 있어서입니다. 제아무리 도쿄의 러시아워가 심하다 해도, 7시 전의 전철은 거의 앉아서 갈 수가 있거든요. 급한 원고를 쓰거나 책을 읽기에는 최고의 시간이고, 전철은 최고의 서재입니다."

시간의 여유를 갖고 집을 나서면 악명 높은 '통근 지옥'을 피할 수 있다. 그리고 그 시간을 활용할 수 있는 방법은 무수히 많다. 느긋한 마음으로 자리에 앉아서 책을 읽을 수도 있고, 외국어 회화를 공부할 수도 있다. 하루의 일을 계획하면서 생각을 정리할 수도 있다. 어제의 아이디어 메모를 되새기면서 전략을 구상할 수도 있다.

일본의 경우 직장인들의 평균 통근 시간은 편도 1시간가량이다. 2시간이 걸리는 사람도 적지 않다. 아침밥도 제대로 챙겨 먹지 못하고 졸린 눈을 비벼가면서 콩나물시루 같은 전철 안의 손잡이에 대롱대롱 매달려 있어야 하는 신세와 그렇지 않은 차이는 크다. 그리고 그 차이를 만드는 것은 자기 자신이다. 이 차이가 하루를 지배하고 나아가 인생을 지배하게 되는 것이다.

자가용 승용차로 출근하는 사람들도 마찬가지이다. 시원하게 뚫린 도로를, 신선한 공기를 맞으며 달리는 사람은 그 하루가 상쾌해진다. 그리고 이 시간을 활용해 카 오디오로 외국어 회화를 공부하는 사람, 하루의 계획을 되새기는 사람, 아이디어를 짜는 사람들이 많다. 꽉 막힌 도로에서 앞차의 배기가스를 마시면서, 끼어드는 차량 때문에 입에서는 육두문자가 절로 나오고 기분은 기분대로 상하는 아침 출근길. 그 차이는 생각보다도 훨씬 크다. 하루의 시작을 이렇게 할 필요가 있을까?

아무리 대중교통망을 확충하고 새로운 도로를 건설해도

도시 직장인들의 통근 시간은 점점 길어지는 양상이다. 교통 정책이나 주택 정책, 지방 활성화를 통한 인구 분산 정책 등에 대한 정부의 무지와 무대책을 비판하는 사람들이 많다. 내가 볼 때는 야행성인간일수록 그런 사람이 많다. 비판이 나쁘다는 것은 아니다. 비판을 통해 그 또한 개선되어야 할 부분이다.

하지만 그러는 사이 자신의 삶은 언제나 그 모양 그 꼴이다. 아니 오히려 점점 악화될 것이다. 그런 사람들은 상황이 개선되면 되는 만큼 더 아침이 늦어질 가능성이 많다. 탓만 하고 있을 게 아니라 스스로 적극적인 해법을 찾아야 한다. 조금만 아침을 바꾸면 자신에게 할애된 그 시간의 '질'이 달라진다.

다케우치 교수는 오전 5시부터 8시까지를 '시간을 버는 시간'이라고 표현한다. 뇌세포가 활성화되는 이른 아침의 1시간은 낮이나 밤의 3시간과 맞먹는다. 따라서 하루는 누구에게나 24시간이지만 이른 아침의 시간만 잘 이용하면 30시간 이상의 가치를 창출할 수 있다는 것이다.

오늘도 똑같은 환경에서 어떤 사람은 일찍 하루를 시작한 덕에 지하철을 훌륭한 서재로 활용하고 어떤 사람은 아

침부터 몸이나 축내는 공간으로 활용하고 있다. 비판의식
은 그다음의 문제이다.

아침을
회복하라

☀ 잊고 있던 감성이 살아나 나를 즐겁게 한다

'아아, 밖에서 참새가 지저귀고 있구나. 어디선가 생선 굽는 냄새가 나네…….'

일찍 일어나기에 익숙해지면 그전과는 다른 감성이 싹튼다. 세무사 야마구치 마모루도 그랬다.

야마구치는 유명한 상사(商社)에서 영업파트를 맡아 일하다가, 34세의 나이에 새로운 결심을 하고 세무사 자격증을 땄다. 그 후 회계와 경영 컨설팅을 다루는 회사로 전직

했다. 그 회사 직원들의 공부 모임인 윤리연구모임을 이끌고 있는 다케다가 야마구치에게 제안을 했다.

"지금까지의 생활을 한 번 근본적으로 바꾸어보지 않겠나? 우선 지금보다 한두 시간 일찍 일어나보게. 그리고 생각이 있으면 직원들의 연구 모임에 나오는 것도 좋겠지. 윤리 또한 대자연의 법칙과 흐름이니까, 생활 리듬이나 생활의 질에도 도움이 될 걸세."

야마구치는 다케다의 제안을 받아들였다. 매일 아침 4시에 일어나 윤리연구모임에 참석했다. 아침형인간을 향한 도전이 시작된 것이다.

그도 그때까지는 야행성인간이었다. 그러다 보니 변화된 생활이 여간 어려운 게 아니었다. 처음에는 1주에 한두 번꼴로 연구 모임에 지각을 하거나 결석을 했다.

아침형인간이 되기 위해서는 일찍 자는 것이 필수다. 4시에 일어나기 위해서는 10시에 자면 된다. 그러나 밤늦게 자는 버릇은 쉽게 바뀌지 않았다. 어렵게 잠이 들어도 한밤중인 1시경에 눈이 떠져 그대로 4시까지 잠들지 못하는 날들도 많았다.

"어떻게든 일찍 일어났어도 정오쯤 되면 졸려서 머리가

멍해져요. 그래서 점심 때 사무실 구석에서 잠깐 눈을 붙이거나, 전철을 타기가 무섭게 5분이든 10분이든 자면서 수면을 보충했지요."

야마구치의 몸이 일찍 일어나기에 익숙해지는 데는 100일(3개월여) 정도가 필요했다. 그때부터 그는 자신의 내부에서 새로운 감성이 싹트고 있다는 것을 깨달았다. 물론 이러한 감성은 원래 누구나 갖고 있는 것이지만 야행성 생활로 인해 잊고 지내던 것이다. 그런 감성이 아침형 생활을 시작하면서 되살아난 것이다.

"아침 공기가 얼굴을 감싸는 것이 느껴져요."

"마주치는 사람들의 얼굴이 모두 상쾌하고 예뻐 보여요."

"고객과 통화하다 보면, 전화 너머 저쪽에서 웃고 있을 그 사람의 얼굴이 보이는 것 같아요."

"차를 운전하다가 문득 창밖에서 흘러들어온 풀 내음을 맡으면 기분이 상큼해져요."

그런 느낌들은 그에게 신선한 즐거움으로 자리 잡았다. 상사에서 일하던 시절부터 위가 약해 이 회사로 옮길 때만 해도 따끔거리며 쓰리던 속도 조금씩 가라앉았고, 누구를 만나더라도, 또 어떤 일에 접해도 마음을 열고 맞이할 수 있게 됐다.

"학창시절, 여러 가지 어려운 일들이 한꺼번에 몰려 일어난 적이 있었어요. 의욕마저 잃어버렸던 때지요. 그런 무기력한 생각을 불러일으켜 부추기던 것은 십중팔구 밤 시간이었습니다. 어려움이 닥쳤을 때, 일찍 일어나면 희망적이 되는 반면 밤은 비관적인 생각이 지배하는 것 같아요. 지금 아침형 생활을 해보니 그걸 알겠더군요."

☀ 망설여지는 일일수록 아침에 생각한다

야행성 생활로 젊은 시절을 보내다가 아침형인간으로 변화하면서 새로운 삶을 찾은 이들도 많지만, 어린 시절부터 아침형 생활을 습관처럼 유지해온 사람들도 많다. 그런 사람들 가운데 성공한 사람들을 많이 발견한다.

문부성 대신*과 국회의원을 지낸 고스기 다카시가 그런 경우이다. 그는 매일 5시 30분에 기상해서는 자택에서 의

---

* 한국으로 보자면 '교육부 장관'.

원회관까지 조깅을 하거나 자전거로 통근하던 별종 의원이 었다.

"일찍 일어나는 습관은 청소년 시절부터 지녀온 것이에요. 저는 지금까지의 내 인생을 지탱해준 기본적인 에너지가 그것이라고 생각합니다. 공부하는 학생이든, 정치인이든, 직장인이든 일상을 건강하고 정력적으로 보내는 데 이만큼 훌륭한 것은 없다고 확신합니다."

고스기는 석공(石工) 집안에서 태어났다. 초등학생 시절부터 이른 아침 아버지를 도와 100킬로그램이 넘는 돌을 함께 운반하곤 했다. 중·고등학교 시절에는 조금이라도 학비에 보탬이 되었으면 하는 생각으로 신문이나 우유를 배달했다. 때문에 매일 오전 3∼5시에는 기상해야 하는 생활이 이어졌다. 초등학교 때부터 앓던 천식도 이즈음부터 증상이 없어졌다.

그의 목표는 도쿄대학이었다. 우유 배달을 하기 위해 밤 10시 30분에는 자고, 새벽 3시에는 기상해야 했다. 일어나서 우유 배달을 하러 나가기 전까지의 짧은 시간을 공부에 할애했다. 같은 도쿄대학을 목표로 삼았던 친구들과 비교해 공부할 시간은 턱없이 짧았다. 하지만 그는 말한다.

"나는 우유 배달을 하면서, 공부라는 것은 그저 오래 앉아 있다고 해서 되는 게 아니라는 것을 배웠지요. 시간이 부족하면 할수록 오히려 긴장감과 집중력이 높아집니다. 짧은 시간을 잘 할애해서 어떻게 공부하는 것이 효율적인지, 요령도 터득하게 되지요. 공부뿐 아니라 어떤 일이든 시간을 잘 활용하는 방법을 그때 배운 겁니다."

그리고 이 시절의 체험은 정치인이 되고 나서도 자기 나름의 '제한시간제'를 설정하여 그 시간 안에는 일을 마치는 습관으로 남아 몸에 배었다고 한다.

그는 의원회관 자신의 집무실에 항상 양복을 준비해두고, 집을 나설 때는 운동복 차림으로 달려 출근한다. 계절에 따라서는 자전거로 다니기도 한다. 집에서 의원회관까지는 전철로도 30분가량이 걸린다. 그가 조깅으로 출근하는 데 걸리는 시간은 45분가량이다. 큰 차이가 없다. 전철역으로 들어가는 시간, 기다리는 시간, 갈아타는 시간을 아낄 수 있고, 또 전철 코스보다는 직선거리로 오기 때문이다. 독자들 중에서도 이와 비슷한 계산이 나올 만한 경우가 생각보다 많을 것이다. 자신의 경우를 한번 점검해보라.

"아침에 뛰어 출근하면서 깨달은 것이 있어요. 역시 무슨 일이든 이른 아침에 생각하면 긍정적이고 적극적으로 임하게 된다는 겁니다. 특히 망설여지는 일일수록 그래요. 늦은 밤에 생각을 하게 되면, 인간이라는 것은 왠지 밤에는 비관적으로 흐르기 쉽지 않습니까? 또 조금은 감상적이기도 하고요. 정치인이 비관적인 생각으로 흐르거나 너무 감상적인 것은 바람직하지 않습니다. 정치라는 것이 항상 긍정적이면서 적극적이고, 이성적인 결단을 요구하기 때문입니다. 그렇지 않으면 사람들을 안심시키기 힘들지 않겠어요? 그래서 망설여지는 일이나 중요한 결단을 내려야 할 때는 언제나 이른 아침에 생각을 많이 합니다."

☀ 아침이 중요하다는 것은 누구나 안다

아침형인간에 대해서는 어쩌면 입에 침이 마르도록 강조할 필요가 없을지도 모른다. 사실 그것은 누구나 암묵적으로 또는 명시적으로 다 알고 있는 사실이다. 하지만 통계에서 보듯이 현대인의 아침은 갈수록 늦어지고 있다. 이것은 '알고는 있지만 실행이 잘 안 된다'는 이야기이다.

실제 내가 상담하는 사람들도 거의 대부분, '몰라서' 고민이 아니라 '하려 해도 잘 안 돼서' 고민인 사람들이다. 이 책의 3부 '아침형인간 되기 100일 프로젝트'는 그러한 사람들에게 도움이 될 것이다. 3부의 순서에 따라, 또는 자신의 상황에 맞게 효과적으로 응용하여 실행하면 반드시 성공할 수 있을 것이다.

그러나 그 이전에 중요한 것은 의지이다.

"아침형인간으로 변화하는 쉬운 방법은 없을까요?"

나는 상담 중에 이런 유형의 질문을 많이 받는다. 내 경험으로는 이런 사람들은 일단 의지 자체가 없는 사람들이다. 조금 극단적으로 얘기하자면, 의지만 있으면 다른 도움은 필요 없다.

앞에서 이카리방역의 구로사와를 예로 들었다. 변화의 계기도 컸고 그만큼 의지도 강했지만 방법을 몰랐기 때문에 초반에 고생을 많이 했다. 그러나 결국은 어떻게 됐는가? 스스로 아침 모임에 나가고 방법을 나누면서 변화에 성공하지 않았는가?

내가 진행하는 상담 프로그램은 단지 더 늦기 전에 문제를 발견하게 하고, 그 문제의 심각성을 인식하게 하고, 예의 그 '초반 고생'을 줄여주는 데 초점을 맞춘다. 이 책도 마찬가지다. 이 책의 1부와 2부에서는 독자가 의지를 갖도록 도와주고자 했고, 3부에서는 실천에 필요한 도움을 주고자 했다.

그 전제는 자신의 의지인 셈이다. 이 책도, 이 책을 집필한 나도, 당신 자신의 의지를 대신할 수 없다. 의지가 약하거나 없는 사람에게는 어떤 전문가도, 어떤 프로그램이나 책도 무용지물이다.

세상 모든 일이 그렇듯이, '쉬운 방법'은 없다. '보다 효과적인 방법'이 있을 뿐이다. 이 둘의 차이는 크다. 전자를 원하는 사람은 애초에 의지나 노력을 적게 기울이려는 목적이고, 후자를 원하는 사람은 같은 노력으로 더 많은 또는 더 확실한 효과를 보고자 하는 목적을 가진 사람이다. 이 책은 전자를 취하는 사람에게는 무익무해한 것이 될 테고, 후자를 취하는 사람에게는 보약이 될 것이다.

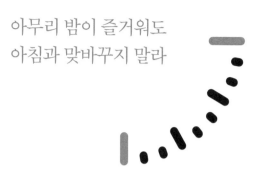

아무리 밤이 즐거워도 아침과 맞바꾸지 말라

☀ 남보다 앞선 사람은 반드시 이긴다

"하루의 시작은 아침에 있다. 다른 사람보다 일찍 일어나서 하루를 시작하는 것은 단순히 건강을 위한 것만은 아니다."

도쿄의 초밥 체인인 츠키지다마 스시의 사장 나카노리 다카마사의 말이다. 그의 생활신조는 '선수필승(先手必勝; 남보다 앞서면 반드시 승리한다)'.

그런 나카노리도 원래는 전형적인 야행성이었다. 아침부터 초밥을 먹는 사람은 별로 없다. 그러니 장사의 성격상 아무래도 야행성이 되기 쉽다. 게다가 그는 술도 어느 정도 즐기는 편이었다.

그런데 40대가 되자 몸에 변화가 느껴졌다. 늦게까지 술을 마시는 게 점점 힘들어진 것이다.

그러던 어느 날, 친구의 권유로 한 단체가 운영하는 아침 공부모임에 참가하게 되었다. 그리고 그렇게 몇 번인가 다니는 사이에 모임 대표로까지 추대되었다. '억지로 떠맡겨진' 것이라고는 하지만 그만둘 수도, 대충 할 수도 없는 노릇이었다.

"원래 공부모임에 참가하고 그러는 타입이 아니었어요. 그렇지만 어떻게든 맡은 직분에 충실하려다 보니까 일찍 일어나는 습관이 자연스레 몸에 배게 된 겁니다."

츠키지다마 스시의 영업시간은 오전 10시부터 오후 11시이다.

"아침 모임에 나가도 영업시간과 틈이 있으니까 일에 전혀 지장을 주지 않아요. 좀 신기하기도 하더라고요. 일에 지장을 주지 않고도 뭔가 새로운 일을 충분히 할 수 있다는 게 말이죠. 지금 생각하니, 그렇게 사람들과 술을 마시는 게 장사에도 도움이 되고, 원활한 커뮤니케이션에도 좋다는 식으로 여러 가지 이유를 갖다 붙여서 2차, 3차까지 어울렸던 것 같아요. 그렇지만 술자리와 일은 별 상관없다는 것을 깨달았죠. 그래도 워낙 해오던 모임이 많으니까 1차 정도는 나가기로 했죠. 그렇지만 2차부터는 자제했습니다. 그러나 보니 사람들 사이에 자연스럽게 '2차는 안 가는 사람'으로 인식이 돼서, 점점 늦게까지 붙들려고 하는 사람들도 없어지더군요."

☀ 아침의 아이디어가 쓸 만한 아이디어다

나카노리의 이야기를 조금 더 들어보자.

"밤이요? 즐겁죠. 세상이 밤을 즐거운 것으로 만들어놓지 않았습니까? 특히 젊은이들은 그 유혹을 뿌리치기 어렵습니다. 저도 마찬가지였고요. 그래서 그 즐거움을 무조건 포기하라고는 말하기가 어렵습니다. 다만, 자기 절제와 원칙은 있어야 한다고 봅니다. 예를 들면 3차 이후는 가지 않는다거나 하는 거죠. 조금 나이가 더 들면 기준을 3차에서 2차로 하향조정한다거나……. 어쨌든 어떤 원칙이든 스스로 만들어놓고 자신과의 약속을 지켜야 합니다. 그것마저 없다면 밤을 즐길 권리도 없다고 봐야죠."

40대를 눈앞에 둔 독자라면 특히 유념할 대목이다.

"제 경험이기도 하고, 또 많은 어르신들의 경험에서 우러나온 이야기이지만, 40대 이후에는 실패하지 않아야 합니다. 작은 실패는 괜찮겠지요. 이를테면 불가피한 사업의 실패 같은 것은 오히려 작은 축에 속합니다. 하지만 큰 실패, 그중에서도 돌이킬 수 없는 생활 습관이나, 회복하기 어려울 정도로 몸을 망치거나, 가정이 붕괴되거나 하는 것들은 정말 치명적입니다. 30대까지는 자신이 하기에 따라 다시 만회할 기회가 얼마든지 있습니다. 하지만 40대, 특히 중반 이후에는 힘들어지지요. 이 모든 것을 막을 수 있는 방법은 아침형 생활을 습관화하는 겁니다."

자신의 경험이 실린 나카노리의 야행성 비판은 끝이 없다. 그리고 그것은 아침형인간 예찬으로 이어진다.

"아이디어를 살리는 데는 아침이 가장 좋습니다."

나카노리는 젊은이들에게 특히 힘주어 말한다. 자신의 경험상 번뜩이는 아이디어는 아침에 존재한다. 그리고 그것을 거듭해갈수록 아이디어 감각은 풍부해진다. 그래서인지 그의 초밥 체인은 여러 가지 독특한 메뉴와 시스템으로 손님들의 호평을 받는다.

지금은 어느 초밥집을 가더라도 '데마키 스시(손으로 만 초밥)'라는 메뉴를 볼 수 있지만, 이것을 처음 고안해서 상품화한 사람이 바로 나카노리이다. 이 아이디어 역시 이른 아침에 떠올라 구체화된 것이다.

또 초밥집에 갔을 때 우리를 당혹스럽게 만드는 것이 바로 메뉴 옆에 쓰인 '시가(時價)'라는 말이다. 그날의 매입 가격에 따라 값이 달라진다는 것이다. 특히 어려운 손님과 식사를 하러 갔을 때는 더 당혹스럽다. 주문하기 전에 가격을 물어보는 것도 좀 그렇고, 그냥 무턱대고 주문하자니 나중에 눈이 휘둥그레질 만한 요금이 나올까 식사 내내 걱정스럽고……. 이런 가격 체계는 제법 큰 체인이라 해도 크게 다르지 않다.

그러나 나카노리의 가게에서는 그럴 염려가 없다. '가격 표시제'이기 때문이다. 언제 가도 가격이 똑같다. 그것은 체인의 장점을 최대한 활용한 덕분이다. 국내외 40여 개 체인점을 보유한 터라 대량 매입이 가능했다. 지금은 다른 여러 체인 업체들로 확산됐지만 이 역시 나카노리가 처음 도입한 것이다. 나카노리는 이 번뜩이는 아이디어 역시 아침에 떠올랐다고 한다.

저녁이나 밤에 아이디어가 풍부해진다고 믿는 사람들이 많다. 동료나 친구들과 술자리를 하다 보면 생각지도 못했던 아이디어들이 쏟아지고, 그 아이디어들로 이미 떼돈이라도 번 듯이 들뜨기도 한다. 하지만 이런 아이디어들은 대부분 현실성이 떨어진다. 열심히 메모를 해두었지만 아침에 다시 보면 허무맹랑한 것투성이였던 경험이 있을 것이다.

밤늦은 시간도 그렇다. 감성이 증폭되는 시간의 아이디어는 대개 과장되거나 한편으로 치우치는 것들이 많다. 앞에서의 연애편지 이야기를 떠올려보면 쉽게 이해가 갈 것이다.

그래도 아침에 다시 검토해보고 하는 경우는 그나마 낫다. 다음 날까지도 전날의 감각에서 벗어나지 못하고 그런 아이디어들을 실제 일에 접목하는 경우에는 심각한 실패의 후유증을 겪게 된다.

좋은 아이디어는 무조건 아침에만 떠오른다거나, 저녁이나 밤에 떠오른 아이디어는 모두 쓸모없다는 뜻이 아니다.

하지만 대개 저녁이나 밤의 아이디어들은 현실성과 거리가 있다. 그러므로 아이디어는 아침에 만들어내라. 최소한 아침에 다시 한 번 검토하고 선택하라.

아침형인간 되기

성공을 본받고 싶은 사람을 정하라
- 옛사람보다는 현존하는 사람을 택하는 것이 좋다.
- 멀리 있는 사람보다는 그의 생활을 엿볼 수 있는 가까운 사람을 택하는 것이 좋다.
- 자신의 변화를 칭찬해줄 수 있는 사람이 좋다.

자신보다 뛰어난 사람을 경쟁자로 택하라
- 역시 가까운 사람이 좋다(회사 동료 등).
- 적대감이 있거나 사이가 좋지 않은 사람은 피한다.
- 하루하루의 경쟁자와 자신을 비교해볼 때 긍정적인 승부욕이 샘솟고, 그러한 경쟁이 게임을 하듯 즐거운 상대를 고르는 것이 좋다.

저녁 할 일과 아침 할 일을 구분하라
- 저녁에는 비교적 감성적인 일을, 아침에는 비교적 이성적인 일을 하는 게 좋다.
- 아이디어를 내거나 계획을 세우는 등의 일은 아침에 해야 한다.
- 복잡하거나 판단이 잘 서지 않는 일일수록 아침에 고민해야 한다.

삶의 목표를 구체적으로 정하라

• 개인의 목표, 가족의 목표, 사업의 목표를 구체적으로 정하라.
• 목표를 이루기 위한 생활 계획을 고민하고 만들어라.

아침과 관련한 좌우명을 만들어라

• 늘 머릿속에 담아둘 수 있는 명언이나 속담을 선택하면 좋다.
• 생활을 반추해볼 수 있고 늘 자극을 줄 수 있는 문구가 좋다.

아침의 상쾌함을 즐겨라

• 새벽 공기, 한산한 지하철, 뻥 뚫린 도로 등 아침의 좋은 점들을 각인시킨다.
• 남보다 일찍 시작하는 즐거움, 준비된 여유를 각인시킨다.

아침 식사는 꼭 챙기고, 채식을 하라

• 아침 식사는 정해진 시간에 하고, 절대 거르지 말아야 한다.
• 채식이 두뇌 활동과 산뜻한 하루를 위해 좋다.
• 가족이 함께하는 것이 좋고, 여유를 가지고 천천히 먹어야 한다.

3

어떻게 아침형인간이
될 것인가

100일(14주) 프로젝트

1주

변화의 기회를 잡아라

☀ 깨달았을 때야말로 변화의 찬스

변화하기 위해서는 초심이 중요하다. 그것은 반드시 어떤 계기를 통해 나타난다.

　아침형인간이 되고자 하는 이유는 한결같지만, 그 계기는 참으로 다양하다. 앞에서 소개한 사람들의 경우만 봐도 그렇다. 바로 그 계기의 활용이 중요하다. 그 계기란 다른 사람에게는 몰라도 자기 자신에게는 가장 절박한 문제이기 때문이다.

그 절박함을 변화의 동력으로 삼아야 한다. 이 프로젝트를 끝까지 밀고 나갈 수 있는 동력은 바로 자신의 절박함이다. 하지만 실행해가다 보면 시작할 때의 절박함보다는 실행 과정의 고생에 더 크게 좌우된다. 그러면 결국 실패한다.

변화하지 않으면 안 되겠다고 느낄 때, 그 깨달음 속에 숨은 절박함을 가슴에 깊이 박아야 한다. 그것으로 변화가 시작된다. 잊지 마시길. 이것이 없으면 반드시 실패할 것이고, 이것이 강하게 박혀 있다면 성공한 것이나 다름없다.

패밀리 레스토랑 점장을 지내고 있는 사사키 히로시는 오전 5시에 일어나는 생활을 2년 넘게 지속해오고 있다. 맑은 정신으로 하루를 시작하면서 점원들이나 고객을 대하는 마음에도 여유가 생겼다. 하지만 그런 사사키의 2년 전 생활은 지금과는 판이한 것이었다.

패밀리 레스토랑의 생명은 서비스에 있다. 직접 고객을 대하는 점원들의 서비스 마인드를 고쳐시키고 교육하는 것은 점장의 가장 중요한 일이다. 그러나 사사키의 점포에 있는 점원들은 대부분 아르바이트이다 보니 서투를뿐더러 지속적인 서비스 수준을 유지하기도 어려웠다. 아니, 서비스 수준은커녕 항상 사람이 부족해 정원을 보충하는 일에 더 급급했다.

사사키에게 점원들은 스트레스 그 자체였다. 점원 구하기도 힘들었고, 겨우 구한 직원들을 교육하고 다루는 것도 골치 아픈 일이었다. 점원들의 서비스로 인한 손님의 불만이 하루라도 없는 날이 없었다. 자연히 매상도 떨어졌다. 그렇다고 해서 조금이라도 나무라면 그날로 그만둬버리기 일쑤였다.

사사키는 천성적으로 꼼꼼한 성격이다. 스트레스가 쌓이기 쉬운 체질인 것이다. 일과 관련된 생각으로 밤에도 쉽게 잠들 수가 없었다. 때로는 술로 근심을 달래보기도 했다. 그러나 달라지는 것은 없었다.

그러던 어느 날, 한 점원이 손님과 말다툼을 하는 일이 벌어졌다. 있을 수 없는 일이라 생각한 사사키는 그날 그동안 쌓인 스트레스가 한순간 폭발해버렸다. 점원들을 모아놓고 언성을 높이며 상스러운 말까지 동원해 호통을 친 것이다. 그 즉시 5명의 점원이 유니폼을 벗고 나가버렸다. 화풀이는 했지만 막상 가게 운영이 엉망이 될 게 뻔했다.

사사키는 퍼뜩 정신을 차렸다. 자신의 그런 모습이 무섭고 걱정스러웠다.

'내가 왜 이러지? 안 되겠어, 이렇게 나가다가는……. 무슨 조치를 취해야 해.'

독자 여러분, 바로 이때다. 문제가 있다는 것, 심각하다는 것을 언젠가 한 번은 깨닫는다. 그때야말로 변신할 수 있는 기회다.

많은 사람들이 '내 잘못이 아니야', '아직 괜찮아', '잠시 어려울 뿐이야. 버티면 돼'라고 생각하고 넘어가버린다. 그러면 기회는 또 쉽게 와주지 않는다.

사사키는 그 기회를 잡았다. 굳은 결심을 하고 상담을 받았다. 그 후 그가 어떻게 바뀌었을지는 길게 설명할 필요가 없겠다. 물론 그는 잘됐다.

그는 조언에 따라 아침의 여유와 활기를 찾음으로써 결국 모든 일에 여유를 갖게 되었고, 그를 둘러싼 문제들도 풀려나갔다. 중요한 것은 문제를 깨닫는 그 순간, 문제가 나에게 절박해지는 그 순간 결단을 내려야 한다는 것이다. 그 순간을 놓치지 말라.

☀ 의지가 약한 사람일수록 성공할 수 있다

앞에서 나는 의지가 없으면 어떤 방법도 필요 없다는 이야기를 했다. 그런데 여기서 '의지가 약한 사람일수록 아침형 인간이 될 가능성이 높다'라고 얘기한다면 고개를 갸웃거릴 것이다.

하지만 오해 마시기 바란다. 앞에서 말한 의지란, 아침형 인간이 되고자 하는 것을 말한 것이고, 여기서의 의지란 결심 이전에 야행성 생활을 하던 시절 '의지가 약했던 사람'을 의미한다.

다시 말해 천성적으로 의지력이 약하거나, 또는 주변의 유혹을 다른 사람보다 워낙 강하게 받아들여서 야행성 생활의 나락으로 남들보다 깊이 떨어져본 사람, 그런 사람일수록 아침형인간에의 갈망이 크고, 갈망이 큰 만큼 성공할 가능성이 높다는 것이다.

아침형인간을 연구하고 전파해온 나 또한 이 같은 전철을 밟아본 경험자이기도 하다. 젊은 시절에 나는 야행성 생활의 나락을 뼈아프게 경험했다. 20대 초반에는 무절제한 생활에다 도박 중독 증세까지 있었다. 경험해본 사람은 알

것이다. 도박이 얼마나 사람을 꼼짝 못하게 하는 마력을 지녔는지, 얼마나 빠져나오기 힘든 늪인지를. 돈도 많이 날렸고 생활은 엉망이었다. 당시 나이로서는 감당할 수 없을 만큼의 빚을 지고 인생에 대한 좌절감만이 뿌리 깊게 박혀 있던 시절이었다.

아침형인간을 연구하는 것이 가업임을 밝힌 바 있다. 아버지는 나락에 떨어진 내게 구원의 손길을 뻗어왔다. 그것이 아침형인간이었다. 각설하고, 나는 그 어두운 시기를 거쳐 결국 아버지의 일을 이어 아침형인간을 전파하고 있다.

내가 지금까지 이 일을 하게 된 것은 단순히 가업을 잇는 것뿐 아니라, 내가 겪은 뼈저린 경험을 함께 나누고자 하는 마음이 컸기 때문이다.

"어차피 나는 의지가 약한 사람이니까……."

이런 말을 되뇌는 사람들이 많다. 그러나 안심하기 바란다. 당신은 남들보다 의지가 약해서 남들보다 훨씬 큰 고통을 맛보았기 때문에 변화하고자 하는 마음만 먹는다면 그 누구보다도 분명하게 성공할 수 있다. 그 계기를 잡는 일만 남았다.

☀ 젊은 시절의 좌절은 만회할 수 있다

야행성 생활은 20대에서 가장 많이 나타난다. 그다음이 30대이다. 그런 환경과 이유는 앞서 여러 차례 언급했다.

젊은이는 혈기가 넘치고 세상의 유혹에도 약하다. 그리고 체력도 아직 왕성하기 때문에 야행성 생활의 심각성을 깊이 느끼지 못한다. 하지만 깨달음은 빠를수록 좋다. 이 책이 그러한 깨달음을 조금이라도 앞당기기를 바랄 뿐이다.

젊은 날의 실수나 실패는 차라리 미덕이다. 더 큰 성장과 성공을 위한 훌륭한 과정이라 믿어도 좋다.

"내 인생은 어차피 실패했어."

"난 안 돼. 그냥 이렇게 살 거야."

"이제 와서 뭘 어떻게 하겠어?"

20대 후반이나 30대의 젊은이들이 이런 얘기를 하는 것을 듣자면 참으로 안타깝고 가슴이 아프다. '이제 와서'라니? 어쩌면 당신은 아직 시작하지도 않았다. 지금이 시작하기에, 변화하기에 가장 좋은 시기일지언정 '너무 늦은' 또는 '이미 끝난' 시기는 절대로 아니다.

끝난 것이 아니라 변화해야 한다고 다짐해보라. 지금 자

신이 원하는 것, 자신에게 절실한 변화의 계기를 잡게 될
것이다.

☀ 100일만 하면 인생이 바뀐다

"하다가 안 되면 어떡하나."

"기껏 적응했다가도 환경이 바뀌면 또다시 야행성으로
돌아가지 않을까?"

변화의 기회를 잡고도 이런 걱정을 하는 사람들이 많다.
이런 걱정은 그 자체가 아무런 의미가 없는 것이다. 하지만
아무리 의미 없는 걱정이라 해도 실제로 그런 걱정 때문에
멈칫거리는 사람들이 많은 것이 현실이니, 그 걱정부터 없
애고 넘어가야겠다. 결론부터 얘기하자면, 꼭 100일만 참
고하면 된다.

그 후에는 저절로 된다. 어떤 습관이든 사람의 몸과 의식
속에 완전히 배려면 100일이 필요하다. 일찍 자고 일찍 일
어나는 생활, 또 일찍 일어나서 아침을 온전히 나의 시간으
로 효율적으로 활용하는 생활도 100일이면 된다.

단, 100일 동안만큼은 절대 포기하지 말고 자신의 의지로 끝까지 실행해주어야 한다. 그다음은 당신의 몸과 의식이 스스로 알아서 할 것이다. 이것은 믿어도 좋다. 내 자신의 경험이자 그동안 숱하게 상담하고 교육하면서 보아온 '증거'에 의해서 확신하는 것이기 때문이다.

LET'S GO

• '내가 왜 이러지?' 하는 순간에 시작하라.
• 야행성 생활은 중독성이 강하다. 오늘 당장 시작하라.

2주
자기만의 스타일을
파악하라

☀ **자신의 성격과 능력을 파악한다**

아침형인간이 되기 위한 프로그램에 딱히 정해진 유형은 없다. 누구나 자기 자신의 상황과 스타일에 비추어 적절한 방법을 동원하면 된다. 이 책의 100일 프로젝트는 가장 일반적인 유형이다. 여기에 자신의 특성을 가미해 활용하면 된다.

선천적으로 낙천적인 성격의 사람들은 결심만 분명하면 일은 대개 성취될 거라고 여기는 경향이 있다. '결심은

90％의 성취'라는 말도 있지 않은가!

하지만 세상에는 가능한 일과 불가능한 일이 있다. 자신의 분수에 맞지 않는 결심을 해본들 그것은 의미가 없다. 무엇인가를 실행하기 위해서는 결심하는 것 이상으로 먼저, 자신의 성격이나 능력 등을 정확하게 파악해야만 한다.

☀ 내 성격에 맞는 기상법을 찾는다

일어나는 방법에도 성격에 따라 차이가 있다.

적극적이고 외향적인 사람은 스스로를 궁지에 몰아넣고, 일찍 일어나야만 하는 상황을 만들어가는 방법이 좋다.

앞서 소개한 츠키지다마 스시의 나카노리 같은 경우이다. 처음에는 다른 사람의 권유로 얼떨결에 모임에 참석했고 그 때문에 일찍 일어나게 됐지만, 막상 대표로 추대되고 나니 그 일을 마다할 수도, 소홀할 수도 없어서 일찍 일어나게 된 경우이다. 본인이 의도한 것은 아니지만 나카노리가 적극적이고 외향적인 사람이기에 효과적인 방법이 된 셈이다.

이런 유형의 사람들은 특히 타인과 관계되는 일을 아침에 만드는 것이 좋다. 공부 모임이나 운동 모임처럼 다른 사람과 함께하는 일에 대해서는 대단한 적극성을 띠게 되고 책임감을 느끼기 때문이다. 어차피 이런 유형은 아침에 하지 않더라도 밤에 적극적인 대인관계를 맺고 있을 사람들이다. 그것을 아침으로 돌려놓기만 해도 효과가 있을 것이다.

반면 소극적·내향적·사색적인 사람은 방법이 달라야 할 것이다. 외향적인 사람과 똑같은 방법을 쓴다면 오히려 의기소침해질 수도 있다. 이런 유형은 일찍 일어났을 때 벌어질 유쾌한 상황을 이미지화하는 방법이 적합하다. 일종의 자기암시도 효과를 볼 수 있는데, 예를 들면 '일찍 일어나면 정신이 맑아서 하루가 술술 풀려나간다'거나 '일찍 일어나면 성적이 쑥쑥 오른다' 등의 암시만으로도 일찍 눈을 뜨게 된다.

내향적인 사람은 가능한 한 기상 알람 소리에도 의지하지 않는 게 좋다. 시끄러운 소리로 일어나라고 위협하는 듯한 알람 소리는 이런 유형의 사람에게는 불쾌감을 남기게 된다. 굳이 알람을 이용해야 한다면 아주 작은 소리로 해두는 것이 좋다. 새소리나 부드러운 음악을 이용해야 할 것이다. 내향적인 사람 중에는 신경이 예민한 경우가 많기 때문에 작은 소리에도 눈을 뜰 수 있을 것이다.

어쨌든 외향적인 사람에게는 '일찍 일어나지 않으면 곤란하다'는 메시지가, 내향적인 사람에게는 '일찍 일어나면 좋은 일이 생긴다'는 메시지가 효과적이다. 그 반대인 경우에는 부작용이 있을 수 있다.

☀️ 자신에게 강한 압박을 가하는 것도 성격에 따라

어떤 성격이든 스스로의 암시나 알람 소리만으로 일어나는 것은 쉽지 않다. 잠이 덜 깬 상태에서는 의지보다 본능이 앞서기 때문이다.

스스로 약속을 했다가도 알람 버튼을 누르고 자버리면 그만이다. 그래서 흔히 쓰는 방법이 아침에 '하지 않으면 안 되는 일'을 만드는 것이다. 이는 참으로 좋은 방법이다. 인간의 약한 부분을 보완해주는 일종의 보조 도구 같은 것이다. 또 아침에 하는 그 '일'을 평소 자신에게 필요했던 것과 일치시킨다면 아침은 더욱 의미 있는 시간이 될 것이다. 그러나 이것도 성격에 따라 달리 적용해야 한다.

외향적인 사람은 앞에서도 말했듯이 주로 동등한 입장의 다른 사람과 관계되는 일이 좋다. 운동이나 공부 같은 것들 말이다.

하지만 내향적인 사람은 이런 일들이 자칫 상처가 될 수도 있다. 사람들과 아침에 하는 일이 외향적인 사람들에 비해 흥미를 끌 만한 것이 아닐 가능성이 많다. 게다가 그마저 뜻대로 되지 않을 때는 다른 사람들과의 관계를 포기해버리고 자기 자신 속으로 함몰해버릴 수도 있다.

그래서 내향적인 사람은 혼자 하는 일, 그러면서도 '해야만 하는' 일을 선택하는 게 좋다. 신문이나 우유를 배달하는 것도 그런 일종이다. 아니면 아예 적극적으로, 자신이 남을 깨워주는 모닝콜 센터의 전화요원이 돼보는 것도 좋다. 이런 일들은 대상이 있기는 하지만 동등한 사람과 같이 '어울려' 하는 일과는 다르다. 또 산책처럼 혼자 하다가 하루 이틀 빼먹어도 되는 일과도 다르다. 그리고 내향적인 사람에게는 자신과의 약속이나 자기와의 싸움에서 '은근한 오기' 같은 게 있다.

☀ 자신 없는 사람은 봄이나 여름부터

스스로 의지가 약하다고 생각하는 사람은 아예 계절을 골라 시작해도 좋다. 겨울은 아침형인간으로 출발하기에 여러모로 악조건이다. 우선 해가 늦게 뜨기 때문에 칠흑 같은 암흑 속에 눈을 뜨기가 쉽지 않고 또 추운 겨울에 따뜻한 이불의 유혹은 더없이 강하다. 이불을 걷어차고 미련 없이 일어나기에는 아무래도 포근한 날씨가 유리하다. 눈을 떴을 때 바깥 공기와 체온의 차이가 적을수록 일어나기가 수월한 것이다.

그래서 정 자신이 없다면 아침형으로의 변화는 봄부터 시작해보는 게 좋겠다. 이 점을 가볍게 생각해서는 안 된다. 어떤 결심이든 초반 페이스가 중요하다. 초반에 습관이 되기 시작하면 이후 과정이 쉬워지는 반면, 초반에 한두 번 거르기 시작하면 급격하게 무너지기 때문이다. 그래서 시작하는 타이밍을 정하는 것이 중요한 것이다.

스스로 의지가 강한 편이라고 생각하거나, 평소에도 아침에 일찍 일어나는 것이 나름대로 자신 있는 사람이라면 겨울을 권한다. 역으로 생각하면 겨울에 시작해서 초반부

에 성공한다면, 악조건에서도 자신과의 약속을 잘 지킨 만
큼 나머지 과정은 훨씬 수월해질 수 있기 때문이다.

LET'S GO

- 외향적인 성격은 여러 사람과 함께하는 '압박형' 아침 일정을 만들어라.
- 내성적인 성격은 스스로 긍정적 효과를 각인시키는 '암시형'을 택하라.

3주

자신을
세뇌시켜라

☀ 한 번의 성공이 중요하다

할 수 있다는 자신감을 가져야 하는 시기이다. 자신감을 갖
기 위해서는 우선 한 번의 성공 경험이 필요하다. 그 한 번
의 경험은 인공위성을 쏘아 올릴 때의 추진로켓처럼 처음
땅을 박차고 오르는 힘이 된다.

그리고 그 첫 성공의 경험을 자기 스스로에게 확대 과장
해서 각인시켜보라. 한 번이라도 일찍 일어나기에 성공한
다면, 그것이 별일 아니라고 생각되더라도 자신에게 분명

한 어조로 이렇게 말하자.

"그것 봐, 되잖아. 나는 결코 의지가 약한 게 아니야. 못할 것 없어."

아니면 이런 식의 각인은 어떤가.

"이 상쾌함은 정말이지 좋다. 이제 나는 일찍 일어나기를 그만둘 수 없다."

처음 얼마 동안은 일찍 일어남으로써 얻은 아침 시간을 공부나 일에 쓰지 말고, 그저 자기 자신을 칭찬해주면서 그 시간을 천천히 음미하도록 하자. 이른 아침의 신선한 공기를 마시며 일찍 일어나기의 쾌감을 맛보는 것만으로도 그 의미는 충분하다.

인간의 대뇌는 그 성공의 회로를 확실히 각인한다. 그리고 그 하나의 성공이 다음의 성공을 불러들일 것이다

☀ 명시적으로 선언하라

이쯤 해서 '선언서'를 하나 써보자. 대개 무슨 일을 시작할 때 다짐이나 선언 같은 것을 쓰는데, 시작도 하기 전에 그

런 것을 쓰는 일은 공허하다.

조금이라도 실행해본 다음 '할 수 있다'는 자신감을 바탕으로 선언이든 다짐이든 하는 것이 보다 더 자신과의 굳은 약속이 된다. 선언서를 쓰는 마음가짐도 보다 현실적이다. 선언서는 스스로의 약속을 구체적으로 기입하고 의지를 담아 서명해서 보관하는 것이 좋다.

명시적 선언은 몇 가지 효과가 있다.

우선 자신에게 보다 엄격하게 적용할 수 있는 형식적 근거가 된다. 비록 혼자서 하는 행위이기는 하지만, 결혼하는 사람들이 혼인신고를 하듯이 스스로에게 일정한 구속력을 갖게 한다.

또 하나는, 선언서를 가까운 사람들에게 보임으로써 또 다른 구속력을 만드는 것이다. 이는 위와는 달리, 마치 결혼하는 사람들이 친지들 앞에서 서로에 대한 사랑과 의무를 약속하는 행위와 비슷하다. 담배를 끊겠다고 사방에 광고를 하는 사람들의 방법과도 같다.

마지막으로, 초심을 잃지 않게 한다. 선언서에는 처음 다짐하는 마음을 솔직하고 분명하게 적는 것이 좋다. 그리고 처음의 의지가 흔들리고 과정상의 고통만이 자신을 지배하려 할 때마다 선언서를 읽어보라. 의지를 다시 확인하고 다지는 계기가 될 것이다.

☀ 주문을 외워라

우습게 듣는 사람도 있겠지만, 주문(呪文)은 실제로 효과가 있다. 종교적인 차원이 아니다. 현대 의학에서도 그 효과를 인정하고 또 활용하는 자기암시 효과이다.

5시에 일어나기로 결심했다면 잠자리에 들기 전에 똑바로 앉아 눈을 감고 주문을 10번만 외어보라.

"나는 내일 아침 5시에 일어난다."

주문은 일반적으로 생각하듯이 미신으로 치부할 것이 아니다.

사람의 뇌에 어떤 정보가 반복해서 입력되고 그것을 진심으로 믿으면, 뇌는 그 정보를 사실로 받아들이고 필요한 신체 기능에게 그 실행을 명령하게 된다. 이런 원리는 위정자나 사이비 종교인 또는 장사를 하는 사람, 사기꾼 등이 자신들의 목적을 위해 즐겨 활용하는 것이기도 하다.

혹시 이런 경험은 없는가. 어떤 순간적인 필요에 의해 불가피하게 거짓말을 했는데, 나중에라도 실수로 그 거짓말이 들통날까 봐 끊임없이 스스로에게 그것이 사실이라고 세뇌를 시켜본 경험들이 더러 있을 것이다. 그러다가 나중에는 스스로도 의심의 여지가 없는 사실로 믿게 되는 경우이다.

또 소문의 확대 증폭도 이런 원리에 의해 이루어진다. 누군가에게 소문을 듣고 있는 사람은 그 말을 들으면서, 동시에 자신의 머릿속에 남아 있던 어떤 기억을 덧붙이거나, 이야기 내용 중에서 강하게 뇌리에 박히는 부분만을 확대하거나, 자신도 모르는 순간적인 가공을 하게 된다.

이는 본인은 의식적으로 잘 느끼지 못하는 것이다. 그리고 그 상태로 머릿속에 입력이 된다. 그리고 누군가를 만나 그 이야기를 전할 때는 가공 입력된 것을 그대로 쏟아놓는다. 이때 말하는 사람은 그 내용이 자신이 전해 들은 것과 똑같다는 것을 추호도 의심치 않는다. 그리고 듣는 사람은 또 똑같은 과정을 거친다.

부적절하게 이용되기도 하지만, 우리는 이 원리를 아침에 일찍 일어나는 데 활용해보자.

☀ 의욕을 자극한다

근대 이후 인간의 본능을 억압하는 모든 것은 악으로 치부되는 경향이 있다. 대체로 공감한다. 하지만 본능은 인간을 구성하는 요소 중 하나일 뿐이다. 의지와 계획된 실천이 있을 때 인간다운 것이다. 모든 좋은 습관은 '의지와 실천'의 반복으로 만들어진다. '본능과 실천'의 반복은 자칫 인간을 타락시킬 소지가 있다.

아침을 다스리는 자는 인생을 다스린다. 인생을 스스로 리드하고 싶다면 아침을 다스릴 수 있어야 한다. 아침을 다스릴 수 있다는 '의지'를 가져야 하는 것이다.

'이렇게는 안 되겠어⋯⋯'라고 생각될 때 의지를 갖게 된다. 그리고 이제 그것을 의욕으로 바꾸어야 한다. 의지가 말 그대로 '하고자 하는 뜻'이라면 의욕은 '하고 싶은 욕구'이다. 의지가 변화의 출발선에 서게 만드는 것이라면, 의욕은 변화의 레이스를 달리게 만드는 동력이다.

의욕을 만드는 방법은 여러 가지겠지만 우선은 자신에게 흥미로운 것이어야 한다. 가장 좋은 것이 자신이 좋아하는 사람을 위해 무엇인가를 하는 방법이다.

사랑하는 사람에게 멋진 프로포즈를 하기 위해 마라톤 완주를 결심하고 아침마다 몸을 만든다거나, 아침 배달 아르바이트로 번 돈으로 부모님의 결혼기념일 선물을 장만하겠다거나, 존경하는 누군가에게 인정받기 위해 아침에 업무와 관련된 공부를 하겠다는 등 좋아하는 사람의 마음을 목표로 하는 것이 가장 전통적이고 효과적인 '의욕 자극법'이다.

이제 당신에게는 어떤 자극법이 있을지 고민해보라.

LET'S GO

- 선언서를 진지하게 작성하고 가장 가까운 사람에게 보여주라.
- 인정받고 싶은 대상에게 당신의 결심을 알려라.

4주
저녁 시간부터
바꿔라

☀ **열심히 일하고, 열심히 놀고, 열심히 자라**

아침에 일찍 일어나기 위해서는 일찍 자는 것이 필수이다. 하지만 습관이 쉽게 바뀌지 않아 고생하는 사람들을 우리는 앞에서 많이 보았다. 누구에게나 쉽지 않은 일이다.

하지만 원칙은 간단하다. 하루를 어떤 식으로든 '열심히' 지내면 된다. 일도 대충, 노는 것도 대충, 먹는 것도 대충, 운동도 대충 하는 사람은 잠도 잘 오지 않는다. 밤이 늦었는데도 하릴없이 빈둥대며 잠들지 않는다.

일도 집중해서 열심히 하고, 친구와 만나 저녁식사도 즐겁게 하고, 운동도 열심히 하는 사람은 누가 자지 말라고 해도 깊고 달콤한 잠에 빠지게 된다. 잠도 '열심히' 자는 것이다.

아침형인간이란 그래서 단순히 일찍 일어나는 사람만을 의미하는 것이 아니다. 지금까지 살펴보았듯이 생활 전반에 걸친 변화를 목표로 하는 것이다. 그러자면 우선 저녁(밤) 시간의 질이 달라져야 한다. 이에 대한 이야기는 앞에서도 거듭한 것들이니 여기에서는 상기하는 의미에서 저녁(밤) 시간에 유의해야 할 점들을 정리해보는 것으로 하자.

- 술, 도박, 게임처럼 중독성이 강한 여가 활동은 멀리한다.
- 특별한 경우를 제외하고 회사 일은 일과시간 내에 끝낸다.
- 본격적인 운동은 아침보다 저녁에 한다.
- 밤 8~9시까지는 귀가한다.
- 밤 9시 이후에는 음식을 먹지 않는다.
- 매일 따뜻한 물로 가벼운 목욕을 한다.

- 음악 감상, 독서 같은 감성적 활동에 밤 시간을 활용한다.
- 온 가족이 모여 앉는 시간을 짧게라도 반드시 갖는다.
- 하루를 정리하는 시간을 반드시 갖는다.

☀ 피로는 배고픔과도 같은 것

피곤함은 몸의 활동을 둔화시키고, 때로는 기분마저 어둡게 만든다. 그러나 피로 그 자체는 병이 아닐뿐더러 나쁜 것도 아니다. 피로는 어디까지나 생리적인 현상으로 배고픔과 같은 것이다. 배가 고프다고 해서 병원에 가는 사람은 없다.

'기분 좋은 피로감'이라는 것도 있다. 열심히 일하거나 운동했을 때 느껴지는 나른함, 쾌감 같은 것을 이르는 말이다. 섹스 후의 피로감도 그런 일종이다.

또한 배가 고파야 음식을 맛있게 먹을 수 있듯이, 피로해야 깊고 곤한 잠을 잘 수 있고 또 회복했을 때의 기분도 더욱 좋아지는 것이다. 그래서 앞에서 말한 것처럼 일이든 여가든 열심히 하지 않는 사람은 피로감을 느끼지 못하거나 기분 나쁜 피로감(무력감에 가깝다)만을 느낄 수 있다.

당연히 배도 고프지 않고 입맛도 없을 때 먹는 음식처럼, 잠도 깊지 못하고 아침에 일어나도 개운하지가 않은 것이다. 피로는 심신 모두에 기분 좋은 회복을 가져다주기 위한 전 단계라고 생각하면 된다.

그래서 만일 열심히 일을 했음에도 하루 일과를 통해 피로감을 느끼지 못한다면, 혹은 그런 업종에 종사한다면, 의도적으로 운동 등을 통해 피로감을 주어야 한다. 그것이 몸이 원하는 바이다.

조금 피로한 경우보다는 많이 피로한 경우가 피로 회복 속도가 빠르다는 연구 결과가 있다. 피로도가 낮은 것보다는 높은 것이 더 깊은 잠과 휴식을 가져와서 아침 컨디션을 훨씬 가볍게 만드는 것이라는 설명으로 이해할 수 있다.

LET'S GO

- 깨어 있는 동안은 무엇이든 온 힘을 다하라.
- 술자리는 1차까지만, 9시 이전에는 무조건 귀가하라.

수면 시간을
정하라

 수면은 뇌의 휴식

지금까지 4주 동안은 주로 준비 단계였다고 생각하면 된다. 기회를 포착하고, 성격을 진단하고, 다짐을 각인시키고, 저녁 시간을 개선하는 것이 지금까지의 과정이었다. 여기까지 성공했다면 당신은 이제 성공에 다다른 것이나 다름없다.

이제 5주 차부터는 실제로 잠들고 일어나는 시각, 아침에 할 수 있는 뇌와 신체 자극, 그 외 아침 시간 활용에 대해 짚어볼 것이다. 먼저 5주에는 수면 시간을 정하고 실천하도록 하자.

앞에서도 말했던 것처럼 사람은 수면, 운동, 식사라는 세 가지 요소만 제대로 신경 써도 건강을 유지할 수 있다. 바꿔 말하면 몸이 나빠지는 것은 이 세 가지 중에서 어느 것인가가 잘 유지되고 있지 않다는 말이다.

특히 수면은 이 책의 테마인 아침형인간과 가장 밀접한 관련을 맺고 있다. 적정한 수면 시간, 그리고 취침 시각과 기상 시각에 대해서는 앞에서도 자세히 살펴본 바 있고, 그 결론으로 '오후 11시~오전 5시 수면'을 제안했다. 그래서 여기서는 그에 대해 다시 설명하지는 않겠다. 대신 수면에 대한 상식을 좀 넓혀보기로 하자. 수면에 대해 이해하게 되면 실천에 도움이 될 것이다.

수면과 각성을 번갈아 불러내는 자율신경을 조절하는 것은 두말할 필요도 없이 뇌이다. 우리의 의식 활동은 연수(Medula), 뇌교(Pons), 중뇌(Midbrain)를 거쳐 대뇌의 중앙에 있는 시상하부로 흘러들어가는 신경의 양, 즉 감각자극의 양에 의해 좌우된다.

감각자극의 양이 많으면 대뇌의 활동이 활발해지고 의식

도 또렷해진다. 반대로 자극이 적으면 의식하는 수준이 낮아져 졸리게 된다. 따라서 수면이란 감각자극을 가능한 한 적게 하여 뇌에 휴양을 주는 신체 활동이다.

☀ 렘수면과 논렘수면

인간의 수면은 약 2시간 간격의 사이클을 갖고 있고, 자는 동안 그것이 몇 차례 반복된다. 한 사이클은 얕은 잠, 조금 깊은 잠, 깊은 잠, 렘수면(REM睡眠: 꿈을 꾸면서 숙면)의 네 가지로 이루어진다. 렘수면을 제외한 나머지 세 종류의 잠을 총칭하여 논렘(non-REM)수면이라고 한다. 하나씩 살펴보자.

'얕은 잠'은 잠자리에 들기 전 꾸벅꾸벅 조는 상태로, 대개 몇 분 정도 있으면 잠이 든다. 일단 잠이 들면 2회째의 사이클부터는 얕은 잠이 반복되지 않는다. '조금 깊은 잠'은 잠들기 시작한 후 20~30분가량 이어진다. 이 상태일 때는 아주 작은 소리에도 눈을 뜬다. '깊은 잠' 상태는 40~50분가량 이어진다. 이때는 코를 비틀어도 눈을 뜨지 않는다. 심한 외부 자극으로 인해 일어나게 되더라도 수면과 각성의 간극이 크기 때문에 10분 이상 의식이 몽롱한 상태가 이어진다.

이 1시간 30분가량의 논렘수면 동안 차츰 호흡과 혈압이 내려간다. 그런데 호흡 횟수가 너무 줄거나 혈압이 낮아지면 체내의 노폐물을 제거할 수 없게 된다. 산소와 영양의 보급도 나빠져 오히려 피로를 회복할 수 없게 된다. 심할 경우 그와 같은 상태가 오래 지속되면 생명과도 연관이 있게 된다.

'렘수면'은 이런 상태를 피하기 위해 필요하다. 몸은 잠들고 있어도 뇌만 깨어나서 여러 가지 신체 기능을 조절하는 것이다. 이것이 렘수면으로, 30분가량 이어진다. 참으로 신비로운 인체의 기능이 아닐 수 없다.

렘(REM)은 Rapid Eye Movement(안구가 빠르게 움직이다)의 약자이다. 말 그대로 안구가 좌우로 빠르게 움직이지만, 다른 신체 근육의 긴장은 거의 일어나지 않는다.

최근 연구에 따르면 2회째 사이클의 렘수면은 조금 시간이 늘어서 30~35분, 3회째 사이클에는 40분 정도로, 사이클을 거듭할 때마다 5분 정도씩 늘어난다는 사실이 확인되었다. 또한 인위적으로 렘수면을 적게 하면 다음 날의 렘수면이 길어진다는 실험 결과도 보고되어 있다. 몸을 보호하려는 뇌의 활동이 믿음직하면서도 놀랍지 않은가?

☀ 수면 시간은 짝수로 정하는 것이 좋다

렘수면 중인 사람을 무리하게 깨우면 대개는 '꿈을 꾸고 있었다'고 말한다. 다시 말해 몸은 쉬고 있어도 뇌가 활동하고 있는 것이다. 사실은 다른 수면을 취할 때도 꿈을 꾸고 있지만, 뇌가 쉬기 위해 기억하기를 거부하는 것이다.

렘수면 상태일 때 눈을 뜨면 뇌가 각성되어 있기 때문에 의식이 또렷하여, 외부의 자극에 대해서도 의식과 몸이 금방 반응한다. 반대로 논렘수면일 때 깨우면 눈을 뜨는 게 힘들고 유쾌하지 못하며, 그 불쾌감은 일어난 뒤에도 잠시 계속된다.

따라서 눈을 뜨려면 렘수면이 끝날 즈음에 깨는 것이 가장 좋다. 생리적으로도 한 사이클이 끝난 시점에서 눈을 뜨는 것이 이치에 맞다.

논렘수면과 렘수면이 이어지는 한 사이클의 시간은 2시간 정도로, 하룻밤에 몇 번씩 반복된다. 4사이클이면 8시간, 3사이클이면 6시간의 수면이 되는 것이다. 그때그때의 피곤한 정도에 따라서도 다르겠지만, 그래서 수면 시간은 6시간에서 8시간 정도가 적당하다는 얘기가 된다.

기상 알람을 맞춰놓고 자는 경우에 시간을 계산해서 렘수면이 끝나는 시점에 맞춰두면 산뜻하게 눈을 뜰 수 있게 된다. 5시간, 7시간 같은 홀수 시간보다 6시간, 8시간 같은 짝수 시간의 수면이 좋은 이유가 과학적으로 설명되는 것이다.

☀ 오래 자는 사람과 짧게 자는 사람

『잠의 과학』의 저자인 미국의 헐트만이 수면 시간에 따른 실험을 한 적이 있다. 그는 이 실험을 위해 신문 광고를 통해 항상 9시간 이상 자는 사람과 6시간 이하로 자는 사람을 모집했다. 400명이나 되는 응모자 중에서 29명이 선발되어 헐트만의 실험에 응했다. 이 실험은 헐트만의 실험실에서 8일 동안 이루어졌다.

짧게 자는 그룹은 하룻밤에 평균 5시간 30분을, 오래 자는 그룹은 평균 9시간을 잤다. 그들은 수면 시간의 장단과는 상관없이 비교적 정상적인 수면을 취했다. 실험 결과, 짧게 자는 사람은 오래 자는 사람에 비해 빨리 잠들고 깊은 수면을 취했다.

밤중에 눈을 뜨는 일도 적고 꿈을 꾸는 횟수도 적었다. 바꿔 말하면 오래 자는 사람이 얕은 수면과 렘수면의 시간이 길었다는 얘기가 된다.

이들을 분석한 결과, 헐트만은 다음과 같은 결과를 도출했다.

- **짧게 자는 사람:** 정력적·야심적이고 자기 조직 내에서 능력을 발휘하는 사람이 많다. 대개는 근면하고 무척 바쁘며 또한 자신감이 넘치는 사람으로서 사회에 대한 적응력도 강하다. 성격상 과감한 면이 있다. 자기 자신과 현재의 생활에 대체로 만족한다. 그들은 이 실험 과정에서도 비관적인 시각으로 사회를 바라보거나 불평불만을 늘어놓지 않는 모습을 보였다.

- **오래 자는 사람:** 사회를 비관적으로 보는 경향이 강하다. 짧게 자는 사람에 비해 현재 생활에 대한 만족도가 떨어진다. 실험 과정에서도 여러 사안에 대해 비관적인 발언이나 불평이 많았다. 잠을 굉장히 중요시하는 경향이 있으며 신경이 다소 예민하다.

이런 분석 결과를 이 책의 개념에 적용하면, 대체로 짧게 자는 사람은 아침형인간과, 그리고 길게 자는 사람은 야행성인간과 공통점이 많다고 볼 수 있다.

이런 해석의 연장선에서 보면 야행성이던 사람이 아침형 생활로 바뀌면 소극적 · 비사교적 · 비관적이던 성격이 적극적 · 사교적 · 긍정적인 사고로 바뀔 수 있다는 논증이 가능하다. 이것이 단지 논리적인 추론만은 아니라는 것을 우리는 앞서 거듭 확인한 바 있다.

LET'S GO

- 자신에게 맞는 수면 시간을 정하되 짝수(6시간, 8시간)로 하라.
- 늦어도 11시 이전에 잠들고, 5시 이전에 일어나라.

잠들기부터
시작하라

 가벼운 스트레칭

숙면을 취하기 위해서는 앞서 4주 차에서 설명한 것처럼 하루 일과를 열심히 하고, 적당한 운동을 함으로써 '적절히 피로해지기'만 하면 된다. 하지만 처음 시작하는 단계에서는 충분히 피로함에도 불구하고 잠들기 어렵거나, 잠이 들었다가도 새벽에 눈을 뜨는 경우들이 있다.

이런 모습은 전형적인 야행성에다 술을 즐겨 마셨던 사람에게서 많이 나타난다. 알코올이 논렘수면과 렘수면의 균형을 무너뜨려 논렘수면에서 바로 각성으로 이행해간 것이다. 거듭되는 각성으로 인해 불면이 상당 기간 지속될 수 있다.

본인으로서는 참으로 고통스러운 일이다. 물론 그럼에도 참고 꾸준히 하면 곧 깊은 잠을 잘 수 있다.

여기에서는 다른 특별한 방법이 있을 리는 없지만, 그래도 초기 어려움을 겪고 있는 이들에게 도움이 될 만한 몇 가지 간단한 방법들을 덧붙이기로 하자.

우선 간단한 스트레칭을 하나 배워두자. 아주 간단하다. 잠자리에 들기 전 침대에서 하면 좋다.

먼저 왼손으로 오른팔 손목을 꽉 붙잡고 오른팔 전체를 약 10초간 긴장시킨 뒤 힘을 푼다. 이것을 5회 정도 반복한다. 그리고 다시 오른손으로 왼손 팔목을 붙잡고 같은 방법으로 실행한다.

다음은 두 손으로 한쪽 다리의 무릎을 꽉 붙들고 같은 방법으로 실행한다. 이 같은 방법으로 왼쪽 다리, 목, 어깨의 순서로 반복한다. 마지막으로 깊이 숨을 들이쉰 다음 몇 초간 멈췄다가 다시 천천히 내뱉기를 10회 정도 한다.

간단하지만 근육의 경직을 풀고 몸을 나른하게 해서 잠
드는 데 도움이 된다.

☀ 술은 적당히, 똑같은 양으로

야행성 생활의 주범이자 아침형인간으로의 변화를 가로막
는 가장 큰 장애가 술이다. 하지만 이미 많이 알고 있듯이
적당한 술은 육체적으로나 정신적으로 약이 될 수 있다.

잠들기 전 약간의 술은 심신의 긴장을 이완시켜 편안하
게 만드는 효과가 있다. 혈액 순환에도 물론 좋다.

요즘, 특히 젊은 부부들 사이에는 늦은 밤 가벼운 맥주를
즐기는 문화가 많다. 하지만 맥주는 배가 부르기 때문에 잠
들기 전에 마시는 술로 적당하지 않다. 와인이나 희석시킨
위스키가 가장 좋다. 또 소주를 따뜻한 물에 희석해서 마시
는 것도 좋고, 따뜻한 청주도 좋다.

서양에서는 잠자리에 마시는 술로 '핫위스키'를 즐긴다.
소량의 위스키에 뜨거운 물을 붓고 아주 약간의 설탕을 녹
여서 마시는 것인데 이것도 괜찮을 듯하다.

마실 때는 항상 같은 모양의 잔에, 같은 양을 마시는 것이 좋다. 같은 모양의 잔을 사용하는 것은 조건반사 이론에 따른 것이다. 항상 똑같은 유리잔을 들고 마시면(조건), 이젠 자야 한다는 뇌파가 전달된다(반사).

그리고 마시는 양은 절대로 소량이어야 한다. 작은 유리컵 한 잔 정도가 적당하다. 적은 양의 술도 마시지 못하는 사람은 따뜻한 우유가 도움이 된다.

☀ 잠들기 전의 습관을 만들어라

어머니의 자장가를 들으면서 잠들던 어린 시절이 간혹 그립다. 칭얼대던 아이도 익숙한 어머니의 노랫소리와 토닥이는 손길에는 이내 잠으로 빠져든다.

어떤 일정한 행위가 우리의 뇌에 '이제 잠들어야 한다'는 반사작용을 하는 것은 증명된 사실이다. 쉽게 잠들기 위해서는 각성에서 수면으로 이끄는 그 '고리'를 만들면 좋다. 잠옷으로 갈아입는다거나 양치질을 하는 행위가 자신도 모르는 사이에 수면으로 유도하는 의식의 전환점인 것이다.

은행원 오카와는 책을 읽는 것이 잠들기 습관이다. 여러분도 활용하려면 가급적 편안하면서도 지적(知的)인 책을 고를 것을 권한다. 소설은 피하는 것이 좋다. 시간 가는 줄 모르고 읽게 될 수도 있기 때문이다. 역사를 다룬 입문서나 가벼운 철학책, 명사의 에세이 같은 것이 좋을 듯하다. 책을 읽다가 스르르 잠이 드는 것은, 그 책 내용 속으로 잠드는 것과 같다.

☀ 음악, 음향의 효과도 좋다

느린 음악을 듣는 것도 좋은 방법이다. 부드러운 음악은 심신의 긴장을 풀어주기 때문이다. 요즘은 편안한 잠을 도와준다는 음원들도 찾아보면 많다. 자신에게 맞는 음악을 골라 활용해보면, 편히 잠들 수 있을 뿐 아니라 정서적으로도 큰 도움이 될 것이다.

또 앞서 말한 어머니의 자장가처럼 잠들 때 듣는 음악은 일정 기간 동안은 동일한 것이 좋다. 조건반사 효과를 볼 수 있기 때문이다.

종교가 있는 사람이라면 종교 음악이나 경(經)을 듣는 것도 좋은 방법이다. 불경(佛經)의 독특한 운율과 울림은 그 사람의 신심(信心)을 자극해 편안한 마음을 갖게 만들어줄 것이다. 찬송가를 조용히 틀어놓는 것도 평화로운 마음으로 잠들 수 있게 할 것이다.

그 외에 새소리나 물소리, 바람 소리, 파도 소리 같은 자연의 소리를 듣는 것도 좋다. 도시 생활에 찌든 하루의 심신을 편안하게 풀어줄 것이다.

☀ 베개는 숙면의 친구

침구 중에서도 특히 수면을 좌우하는 것이 베개이다. 베개는 머리 부위를 받쳐주고, 편안한 수면을 돕는 중요한 침구다.

옛사람들은 주로 딱딱하고 높은 베개를 즐겨 사용했다. 푹신한 베개를 좋아하게 된 것은 극히 최근의 일로, 서구식 스타일이 우리 생활 문화를 대체하면서부터이다.

우리에게 친숙한 베개는 대부분 곡식 껍질을 넣어 만든

것들이다. 메밀이나 벼의 껍질이 많다. 통기성이 좋고 머리를 식혀주기 때문에 상쾌한 기분으로 잘 수 있다. 머리는 차갑게, 발은 뜨겁게 하는 것이 숙면의 기본이라고 볼 때 이상적인 베개이다. 게다가 뒤척일 때 나는 마찰음도 정서적인 안정에 좋은 영향을 준다.

이 베개는 해마다 내용물을 새것으로 바꾸어주는 것이 좋다. 세균 서식을 막고 쾌적함을 살릴 수 있다. 가끔 햇볕에 말려주는 것으로도 비슷한 효과를 거둘 수 있다.

곡식 껍질 대신 플라스틱으로 된 가늘고 짧은 파이프를 채워 넣은 베개가 유행하던 적도 있었다. 역시 통기성 면에서는 탁월하지만, 플라스틱의 기본 성질이 덥기 때문에 머리를 뜨겁게 할 수 있다.

죽제품 베개도 권할 만하다. 대나무는 표면으로 열을 흡수하여 절단면으로 열을 방출한다. 게다가 잘 닦아 만든 대나무는 비단처럼 피부에 달라붙는 감촉이 좋아 정서적으로도 좋다. 여러 종류의 죽제품이 있지만 다음 두 가지가 숙면에 좋을 듯하다.

하나는 굵은 대나무를 둥글게 자르고, 그것을 다시 반으로 쪼갠 반원형의 것이다. 또 하나는 가늘게 쪼갠 막대 모양의 대나무를 몇 개씩 하나로 묶어 자루에 평평하게 채워 넣은 것이다. 물론 대나무이기 때문에 양쪽 모두 딱딱하고 적당한 높이를 유지한다.

최근에는 건강에 좋은 소재로 목탄이 주목을 끌고 있는데, 당연히 이것을 이용한 베개도 있다. 숯은 건강에 좋은 마이너스 이온을 방출하고, 게다가 가전제품에서 나오는 전자파를 차단하는 작용도 있는 것으로 알려져 있다.

숯의 표면에 뚫린 무수한 작은 구멍 속에 미생물이 살고 있고, 그것이 유해물질을 흡수하고 분해해주기 때문에 공기나 물의 정화에 도움이 된다. 밥을 지을 때 솥에 숯을 하나 넣어두면 맛있는 밥을 지을 수 있는 것도 그 때문이다.

숯 중에서도 특히 대나무 숯은 다른 목탄보다 작은 구멍이 두 배 이상 많아서 그 효과가 강력하다.

LET'S GO

- 스트레칭이나 요가 책을 구해서 자신에게 맞는 잠자리 의식을 만들어라.
- 자신에게 맞는 잠들기 전의 습관(음악, 독서, 적은 양의 술 등)을 만들어라.

7주
아침 30분의 변화를 시작하라

☀ 목표로 하는 기상 시각을 향해 30분씩

앞에서도 말했던 것처럼 이상적인 기상 시각은 오전 5시이다. 그것을 기준으로 자신의 상황에 맞추어 기상 시각을 정하면 된다. 5시 이외의 시각을 택할 때는 5시 이후보다 이전이 좋다는 점을 다시 한 번 상기하기 바란다. 그리고 기상 시각은 항상 일정해야 한다. 일정하지 않으면 아침형인간의 효과는 반감된다.

7주 차에는 기상 시각을 고정하는 데 목표를 두자. 지금까지 실행해오면서 아침에 일어나기에 시행착오도 겪었을 것이라 생각한다. 다소 힘들고 잘 안 되더라도 '나는 아침형인간이 될 수 없다'고 자책하거나 포기하지 말자. 자신의 체질이나 직업 특성, 지금까지의 실패 등을 종합해 이번 주에는 자신만의 기상 시각을 정하고 고착시키자.

잘 안 되는 이유 중에는, 목표로 하는 기상 시각을 처음부터 무리하게 지키려 했기 때문인 경우가 많다. 목표로 하는 기상 시각이 5시이고, 이 프로젝트를 시작하기 전까지는 7시였다면, 한꺼번에 욕심 내지 말고 먼저 기상 시각을 30분만 앞당겨보자.

그러면 아침에 크게 무리하지 않고도 일어날 수 있고, 낮에 졸리는 등의 단기적인 부작용도 최소화할 수 있다.

마찬가지로 평소보다 30분 일찍 일어났을 뿐인데, 무언가 아침 시간을 활용해보려고 조바심 내지 않아야 한다. 평소에 못 먹던 아침 식사를 한다거나, 평소처럼 출근 준비를 하되 30분 일찍 집을 나서 전철을 탄다거나, 무언가 한 가지 정도만 시작해보자.

무리를 하는 것보다는 30분 일찍 일어났다는 그 기분, 30분 일찍 전철을 탔을 때의 그 기분을 만끽해보는 것이 훨씬 중요하다. 그것이 적응이 될 때쯤 또 30분을 당기는 식으로 발전시켜나가면 된다. 그렇게 30분씩, 한 가지씩 변화를 앞당겨 나가보자.

무슨 일이든 무리를 하지 않는 것이 중요하다. 무리하면 효과보다는 부작용이 클 수 있고, 계획 자체가 무산될 수도 있다.

☀ 일찍 자기 어려워도 일찍 일어나야 한다

앞의 4, 5, 6주 차는 모두 '잠들기'를 위한 것이다. 그만큼 '잠 들기'와 '잘 자기'는 아침에 일찍 일어나기 위한 필수 전제이다. 그것을 위해 3주씩이나 투자했지만, 아직까지도 저녁 시간이 변하지 않았다거나, 잠드는 것이 여전히 힘든 사람도 있을 것이다.

그렇다고 해도 계획을 늦추면 안 된다. 설령 아직 잠들기에 적응이 안 되었다 하더라도 이제는 아침에 정해진 시간에 일어나야 한다. 아직도 제시간에 잠들지 못하는 사람은 이제 거꾸로 다소 무리를 해서라도 아침에 일찍 일어남으로써 점차 잠드는 시각을 앞당길 수 있도록 해야 한다.

어떻게 하면 아침에 일찍 일어날 수 있을지 자신만의 방법을 찾아볼 수 있을 것이다.

여행사 대리점에 근무하는 기도 겐지는 타이머가 부착된 전기장판을 생각해냈다. 전기장판이 기상 시각에 켜지도록 맞춰서 잠자리를 후덥지근하게 만드는 것이다. 그리고 일어나면 바로 뜨거운 목욕물에 몸을 담갔다. 이 방법을 떠올린 때가 공교롭게도 여름이었는데, 시간이 되자 더위를 참지 못하고 일어나게 됐으므로 효과는 확실했다.

논렘수면일 때 인간의 체온은 떨어진다. 그것을 1시간 30분마다 렘수면으로 들어가 체온을 원래대로 되돌려놓는 것이기 때문에, 그것을 인위적으로 도와주면 당연히 일어나기 쉬워진다. 기도 겐지의 경우, 좀 극단적인 방법이긴 하지만 그러한 이치에는 들어맞는다. 그리고 일어나서 샤워를 하는 것도 두뇌를 자극하는 데 효과적이다.

그러나 기도 겐지처럼 극단적으로 잠자리를 덥게 만들 필요는 없다. 처음에는 충격요법 차원에서 이용해보는 것도 나쁘지는 않지만, 인간에게는 자연 치유력이라는 것이 있다. 내려간 체온을 자연스럽게 끌어올리려는 신체 작용이, 전기장판 같은 인위적인 환경에 너무 의지하다 보면 둔해지기 마련이다. 그러면 나중에는 전기장판 없이는 일어나지 못하는 상태에 이를 수도 있다. 다른 어떤 방법도 마찬가지이다.

☀ '벌떡' 일어나는 것은 불안한 현실에 대한 선제공격

아침에 눈이 살짝 떠졌다면 그 순간 주저 없이 벌떡 일어나야 한다. 이는 그저 '일어나기'로서만 중요한 것이 아니다. '어떤 상태로 일어날 것인가'의 문제이다.

호주의 세계적인 신경정신과 의사인 클레어 윅스는 그의 저서 『불안의 메커니즘』에서 다음과 같이 말한다.

"아침에 눈을 뜨는 것에 특히 주목해야만 한다. 신경증세로 고생하는 대다수의 사람들에게 그 순간은 하루 중에서 가장 중요한 시간이다."

잠들어 있는 동안은 망각의 세계에 있다가, 눈을 뜨면 다시 차가운 현실과 직면하게 된다. 이때 순간적으로 오늘 하루에 대한 불안과 거부감이 생긴다. 그 상태로 누워서 이 생각 저 생각 하게 되면 어두운 생각은 그 깊이를 더해간다. 앞서 얘기한 아침 우울증의 경우는 더욱 심하다. 만약 반대로 그날이 중요한 수주계약서에 서명하는 날이라면 눈을 뜨자마자 입가에 미소부터 번질 것이다. 아니면 그날이 휴일이고, 좋아하는 사람과 데이트를 하기로 한 날이라도 그럴 것이다.

하지만 현실에 맞닥뜨리는 것이 두렵고 불안하다면 이불 속의 그 몇 분, 아니 단 몇 초라도, 그 사람의 기분은 한없이 우울해질 수 있다. 그럴수록 일어나는 것은 더욱 힘들어지고, 일어난다 해도 그날 하루는 우울함으로 시작해서 이후에도 크게 호전되지 않은 상태로 보내게 되는 것이다.

눈을 뜨자마자 벌떡 일어나는 것은 그러한 우울에 대한 기분 좋은 선제공격이다. 불안하고 찝찝한 기분을 한 방에 날려버리는 단호하고 적극적인 자기 방어이다.

이 선제공격에 성공하게 되면 아침에 일찍 일어나는 것이 점점 즐거워진다. 또 그것은 현실에 대한 자신감으로도 이어진다. 눈을 뜨면 곧바로 일어나는 행동이 몸과 마음을 묶어주는 최고의 자기계발인 것이다.

☀ 알람시계 활용

가급적 사용하지 않는 편이 좋긴 하지만, 아무래도 일어나는 것이 힘든 사람은 알람시계를 활용하자. 알람시계를 사용해보지 않은 사람은 거의 없을 것이다. 알람이 시끄럽게 울려대면 이불 속에서 겨우 손만 뻗어 스톱 버튼을 누르고 다시 잠들었던 경험도 많이 있을 것이다.

흔하긴 하지만 몇 가지 방법을 활용해보자.

한꺼번에 2∼3개의 알람을 맞춰놓는 것은 가장 일반적인 방법이다. 하나의 소리만으로는 충격 효과가 적다고 느끼는 사람들이 쓰는 단적인 방법이다. 또 알람을 맞춰놓은 핸드폰이나 시계를 잠자리에서 조금씩 멀리 둠으로써 자연스럽게 이불에서 빠져나오게 하려는 방법이다. 일어나기에는 일단 효과가 있다. 그래서 초기에 잠시 써볼 만한 방법이다.

하지만 앞서도 밝혔듯이 하루의 시작을 시끄럽고 자극적인 소리로 여는 것은 결코 바람직하지 않다. 알람시계나 자동차 클랙슨 같은 것은 그 목적 자체가 사람에게 자극을 주기 위한 것으로, 애초에 듣기 싫은 불협화음을 주조로 한다. 그런 알람시계가 아침부터 몇 개씩 한꺼번에 울린다면 뇌에 좋은 영향을 줄 리 없다. 결코 지속적으로 쓸 방법은 아니다.

어떤 이들은 알람시계를 일정 시간 간격으로 창문, 식탁, 욕실 등에 하나씩 두는 방법을 쓰기도 한다. 창가의 알람이 울리면 일단 일어나 가서 창문을 열고, 식탁에서 울리면 또 그쪽으로 가서 우유를 마시고, 욕실에서 울리면 들어가 양치질을 하는 식이다. '이렇게까지……'라고 생각할 수도 있지만, 일어나기 힘들어하는 이들 중에 이런 방법을 사용하는 경우가 의외로 많다.

시끄럽고 불협화음인 알람이 싫다면, 대신 음악이나 음향을 이용해보는 것도 좋겠다. 오디오를 아침 기상 시각에 맞추어두고 음악이나 새소리를 들으면서 일어나는 것이 알람 소리보다는 훨씬 즐겁지 않을까?

LET'S GO

- 처음에는 무리하지 말고 원래 일어나는 시간보다 30분만 더 일찍 일어나라.
- 눈을 뜨자마자 주저하지 말고 벌떡 일어나라.

8주
낮잠과 비타민으로
도움을 받아라

☀ 낮잠 30분은 최고의 영양제

일찍 자고 일찍 일어나기를 시작하고 보면, 정작 힘들어지는 것은 낮 시간이다. 수면 시간을 단축시키면 한동안은 낮에 꼭 졸리기 마련이다.

　마치 해외여행을 갔을 때 시차적응이 안 되는 것처럼 멍한 상태에서 머리도 무겁고 힘도 없다.

　우리 몸은 주위의 환경에 적응하도록 자연스럽게 조정되기 때문에 크게 걱정할 일은 아니며, 이 때문에 포기해서도 안 된다. 하지만 초기의 어려움을 조금이라도 줄이기 위해서 도움이 되는 방법을 동원해보자. 가장 좋은 것은 짧은 낮잠이다. 깨어 있는 낮 시간에 잠깐 눈을 붙이는 것은 밤에 자는 잠과는 달라서 단시간에도 뇌의 휴식 효과가 크다.

낮잠은 보통 30분 이내가 효과적이다. 그것도 아예 누워서 자는 게 아니라, 의자나 벽에 기대어 자는 정도가 좋다.

앞서 말한 것처럼 수면 사이클은 2시간이다. 낮잠을 2시간씩 잘 수 없다. 그래서 깊은 잠이 들기 전인 30분 이내에서 끝내는 게 좋다.

만일 깊은 잠에 든 다음 렘수면을 거치지 않고 일어나게 되면 체온이 떨어지고 있기 때문에, 한동안 머리가 멍하고 이후의 일에도 지장을 주게 된다.

☀ 천연 비타민의 위력

낮 시간의 무기력을 달래기 위해서는 비타민이 좋다. 여러 가지 좋은 비티민제가 많이 판매되고 있으니 잘 선택해 복용하면 도움이 된다. 특히 천연 비타민은 여러모로 더욱 뛰어난 효과를 가져다준다.

도쿄 시부야역 앞에 히라하타클리닉을 운영하는 히라하타 데츠유키. 그는 전형적인 아침형인간인데, 자신의 왕성한 활력의 비결을 천연 비타민이라고 꼽는다. 사실 비타민과 미네랄 연구의 권위자이기도 한 그는 유기농법으로 재배한 야채와 과실에서 천연 비타민을 채취한다.

비타민은 활성산소로부터 세포를 방어하고, 위궤양이나 십이지궤양, 동맥경화, 당뇨병, 심근경색 등 생활 습관에 의한 성인병 예방에 도움이 되는 것으로, 최근에 그 중요성이 재인식되고 있다.

활성산소는 영양소를 산소로 태우는 과정에서 생기는 불가피한 것이지만, 비타민A, 비타민C, 비타민E와 같은 항산화 물질을 충분히 보충하면 상당 부분 억제할 수 있다. 특히 활성산소의 독으로부터 뇌세포를 지키려면 비타민은 필수이다.

시판되고 있는 비타민제 중 합성 비타민제는 많이 복용해도 체내에서의 흡수율이 3~5%밖에 되지 않는다. 게다가 뇌세포로 통하는 혈관에는 관문이 있는데, 합성 비타민제는 거의 차단되어버린다.

그런 점에서 천연 비타민은 체내 흡수율이 현격히 높다. 뇌동맥의 관문도 통과하고, 뇌세포 속에도 오랜 시간 체류한다.

☀ 식생활을 이용한다

식생활은 음식을 무엇을 먹느냐도 중요하지만 식사 방법도 그에 못지않게 중요하다.

먹는 행위는 시상하부*에 있는 섭식중추와 만복중추로 조절되고, 매일 일정한 주기로 타액과 위액을 분비한다.

불규칙하게 식사를 하면 생체 리듬을 깨뜨려 수면장애를 일으키기도 한다. 또한 아침 식사를 거르면 대뇌에 공급되는 포도당의 부족으로 점심을 먹을 때까지 머리가 맑지 않다.

아침 식사를 잘 하기 위해서는 앞에서도 강조했듯이 전

---

* 체온 조절, 감정 표출, 배고픔, 목마름 등 내분비계 기능과 자율신경계 기능을 조절하는 뇌 중추 영역.

날 밤 9시 이후에는 아무것도 먹지 않는 것이 좋다. 그리고 아침 식단은 채소와 과일 중심으로 준비해야 한다.

아침형인간의 식생활에 대해서도 여러 차례 설명했기 때문에 여기서는 실천사항을 짚어보고 넘어가기로 하자. 아침형인간에 도전하는 사람은 다음 네 가지를 꼭 지켜야 한다.

- 아침을 꼭 먹는다.
- 매일 정해진 시간에 식사한다.
- 밤 9시 이후에는 아무것도 먹지 않는다.
- 하루에 1리터가량의 물을 마신다.

LET'S GO

- 빨리 잠드는 사람은 10분, 늦게 잠드는 사람은 30분의 낮잠을 자라.
- 자신에게 맞는 비타민제를 선택해 복용하라.

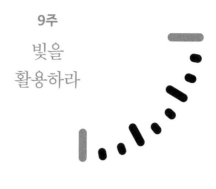

9주

빛을
활용하라

☀ 아침 해의 정기를 받는다

"일찍 일어나서 아침 해를 보면 그것이 생명을 비추고 있다
는 느낌이 절로 들어요."

　같은 태양이라도 저녁 해에는 저녁 해의 아름다움이 있
다. '오늘은 여기서 끝'이라는 온화하고 여유 있는 분위기
를 만들어준다. 그에 반해 아침 해는 빛을 발산하는 방법부
터가 다르다.

　"아침 해를 온몸으로 맞이하면 생명력을 받는 느낌이 든

다거나 할까요?"

전자기기 임대 회사의 영업사원으로 일하고 있는 아이치 도시로는 매일 아침 4시에 기상하여 그때부터 2시간 30분 동안 책상에 앉아, 거래처를 돌면서 신규고객을 개척할 그날의 계획과 전략을 정리한다. 덕분에 최근 5년간 항상 사내에서 넘버원의 영업 실적을 자랑하고 있다.

아이치는 여름에는 창문으로 쏟아져 들어오는 햇살로 자연스레 깰 수 있게 커튼을 활짝 열어젖히고 잔다. 겨울에는 400와트의 형광등이 오전 4시에 자동으로 켜지도록 타이머를 맞춰놓고 취침한다. 이런 방법만으로도 아이치는 야행성에서 아침형으로 전환할 수 있었다고 한다.

☀ 빛으로 눈을 뜨는 것은 인간의 속성

태양빛으로 인해 눈을 뜨는 것은 주행성 동물인 인간이 본래 갖고 있던 속성이다.

잠에서 깰 수 있도록 도와주는 다른 도구가 없었던 오랜 세월 동안 인간은 빛을 통해서만 일어나야 할 시간을 감지하고 눈을 떴다. 닭 울음처럼 동물들의 울음소리가 새벽을 알려오기도 했지만, 컴컴한 새벽에 일어나도 딱히 할 일이 없었던 옛날에는 빛이 곧 기상 시각을 알리는 유일한 기준이었다.

그렇게 우리의 신체 구조는 빛에 민감하게 진화해온 것이다. 체내 시계라 할 시상하부의 시교차상핵이 안구의 바로 뒤쪽에 있어서 망막과 직접 연결되어 있기 때문에 빛을 감지하기 쉬운 구조를 이룬 것이다.

하지만 오늘날의 생활 리듬은 햇빛에 따라서만 움직일 수는 없을 것이다. 그렇다면 자연의 리듬에 가깝게 생활하되 스스로 정한 시간에 따라 움직이는 것이 오늘날 사회 구조에 알맞아 보인다.

그래서 해가 짧은 겨울철이면 인공적인 빛을 이용하는 것도 좋다. 요즘은 빛을 받으면 울리는 알람시계도 등장했다. 형광등의 불빛을 일정 시각에 맞추어놓으면 시계도 자동으로 울리게 되니 도움이 될 만하다.

하지만 그보다는 자연에 가까운 소리가 더 좋지 않을까 한다. 알람시계보다는 새소리 등 자연의 소리로 알람과 타이머를 맞추어놓는다면, 밝은 빛과 자연의 소리를 동시에 느끼면서 잠에서 깰 수 있을 것이다.

인간이 자연의 빛, 자연의 소리로 아침을 맞이했던 것과 비슷한 효과인 셈이다.

그리고 아무리 아침 해가 늦게 뜨는 겨울이라 해도 해가 뜨는 시간에는 반드시 햇빛을 받으며 자연의 정기를 맞아들여야 한다. 일조량이 적은 겨울철에는 특히 그러한 의식적 노력이 더욱 필요하다.

최근에는 우울증의 치료법으로도 빛이 주목을 끌고 있다.

LET'S GO

- 알람시계보다 형광등 타이머, 오디오 타이머를 활용하라.
- 반드시 햇빛을 온몸으로 받으며 심호흡을 하라.

10주

산책을
시작하라

☀ **누구보다도 먼저 신선한 산소를 마시자**

성인의 경우 보통 하루 칼로리의 10분의 1에 해당하는 운동량이 있으면 스트레스는 해소할 수 있다고 알려져 있다. 일본인의 경우 평균 2,000칼로리 전후이므로 200칼로리 정도를 무슨 운동으로든 소비하는 것이 바람직하다.

예를 들면 수영은 매일 10~15분 정도 계속하고, 줄넘기라면 5분간 하고 3분 쉬는 식으로 이것을 3회 반복한다.

그러나 가장 쉬운 방법은 역시 산책이다. 걷기는 의외로 많은 칼로리를 소모시키기 때문에 20분의 걷기로 거의 200 칼로리의 에너지를 소모시킬 수 있다. 보통의 직장인이라면 회사에 갈 때까지 그 정도는 걷고 있을지도 모른다.

그렇지만 시간대로는 자율신경의 활동이 활발해지는 이른 아침에 걷는 것이 최적이다. 이른 아침의 산책은 신선한 공기를 몸속 가득히 들이킬 수 있기 때문에 아주 효과적인 운동이다.

스포츠에 소질이 없다거나 버거운 사람이라도 산책은 편안하게, 또 나이 들어서까지도 계속할 수 있다. 다른 스포츠처럼 용구나 시설에 돈이 드는 일도 없다.

도시에 사는 사람에게는 산책할 장소가 마땅치 않다고 말하기 쉬우나 그렇지 않다. 대도시라 해도 곳곳에 여전히 자연은 많이 남아 있다. 항상 종종걸음으로 바쁘게 지나다 보니 못 보았을 뿐이다.

새들은 정겹게 지저귀며 넓고 큰 아침의 하늘을 부산스럽게 날아다닌다. 철마다 옷을 갈아입는 가로수를 보는 것도 즐거움이다. 콘크리트 포장 사이, 도로 옆 전신주의 언저리에는 작고 귀여운 민들레꽃이 피어서 지친 마음을 따뜻하게 어루만져준다. 같은 장소라도 서둘러 출근하는 도

중에는 절대로 눈에 들어오지 않을 법한 광경이 산책길에
는 그대로 들어온다.

산책 도중에 만나는 사람들은 모두 온화한 표정을 짓고
있고, 모르는 사람이라도 왠지 친근감을 느낄 것이다. 평소
같으면 아무 말 없이 스쳐 지나갈 이웃도 아침 산책길에는
자연스럽게 서로 말을 걸거나 인사를 나누고 싶어진다.

☀ 산책은 더할 나위 없는 건강법

이른 아침에 걷는 것은 몸의 다양한 신경을 자극하고, 교감
신경의 활동을 돕는다. 그렇게 하면 몸의 움직임이 보다 활
발해지고, 하루의 활동이 원활하게 이루어지게 된다.

자율신경의 균형을 잡기 위한 운동으로서는 조금 빠른
걸음이 효과적인데, 무리를 느낄 정도로 너무 빠른 것은
오히려 좋지 않다. 시간은 30분~1시간 정도가 무난할 것
이다.

코스는 가능한 한 자연을 만끽할 수 있는 장소를 선택하
는 게 좋다. 자연 속을 걸으면 나무들의 광합성 작용으로

배출된 신선한 산소를 누구보다도 먼저 마실 수 있다.

산책은 스포츠가 아니기 때문에 웬만큼 체력에 자신이 있는 사람이 아니면 달리지 않는 편이 좋다. 조깅은 몸에 좋은 반면 위험성도 있다. 미국에서는 조깅 중에 혹은 그 직후에 급사하는 사고도 꽤 많이 일어났다. 특히 비만인 사람은 주의가 필요하다.

게다가 고통을 수반하게 되면 여간해서는 계속하기가 어렵다. 빠른 걸음일지라도 산책은 어디까지나 러닝이 아니라 워킹인 것이다.

걷기는 또 운동 부족을 해소할 뿐만 아니라, 뇌세포를 자극하여 뇌의 활동을 활발하게 만든다. 또한 혈액의 순환을 좋게 하여 뇌에 충분한 산소를 공급하기도 한다.

산책에서 돌아왔을 때는 자율신경의 균형이 잡혀서 심신 모두 상쾌함이 느껴질 것이고, 그것이 마음에 여유를 가져다줄 것이다.

☀ 발은 제2의 심장

걷는 것은 몸에 부담이 가장 적고, 게다가 연령과 상관없이 항상 어디서든 할 수 있는 운동이다. 우리는 걸을 때, 자연스럽게 손발을 앞뒤로 움직이는데, 이렇게 하면 심장 활동을 돕게 된다.

인간의 양쪽 발에는 몸 전체 근육의 3분의 2가 모여 있다. 발은 심장과 혈관을 건강하게 유지하는 데 빼놓을 수 없는 존재다. 때문에 발을 '제2의 심장'이라고 일컫는 것이다.

또 걸을 때는 콜레스테롤과 중성지방이 분해된다. 콜레스테롤과 중성지방 모두 지방성 물질로, 우리가 몸을 움직일 때 쓰는 중요한 에너지원이지만, 이것이 체내에 쓸데없는 여분으로 축적되면 동맥경화 등과 같은 성인병의 원인이 된다.

그것을 소비하려면 운동을 하면 되지만, 스포츠와 같은 격한 운동으로 소비되는 것은 지방이 아니라 당분이다. 지방이 소비되는 것은 운동 강도가 낮을 때로, 그러한 운동을 오래 지속하면 지방의 소비량도 점차 상승해간다. 산책이 최고의 방법이다.

☀ 처음에는 건너뛰어도 상관없다

내 주변의 한 지인은 매일 아침 8킬로미터씩 걷는다. 설령 비가 오더라도 우의(雨衣)를 입고 자신이 정한 코스는 반드시 돌고 온다.

산책 중에 그는 항상 정해놓은 벤치에 앉는다. 그렇게 하면 계절의 변화를 잘 알게 된다고 한다. 1주일 전만 해도 봉오리를 맺고 있던 꽃이 활짝 피어 있거나 한다. 도토리가 떨어져 있으면 주워서 손바닥에 올려놓고 살핀다. 그러면 우주와의 일체감을 느끼게 되고, 세계는 결코 인간 중심으로 움직이는 게 아니라는 것을 실감하게 된다. 그런 때에 오히려 마음의 여유가 생기고 모든 사물에 대해서도 긍정적인 마음으로 충만해진다.

다만, 이른 아침의 산책은 일 년 중 4월부터 10월경까지가 좋지만, 겨울이 되면 춥고 어두워서 상당히 고달파진다. 때로는 건너뛰고 싶은 마음도 생길 것이다. 비가 오는 날, 바람이 세게 부는 날, 아니면 폭설이나 태풍이 몰아칠 때는 도저히 나갈 엄두가 나지 않을 것이다.

처음 얼마간은 가끔씩 빼먹는 날이 있어도 상관없다. 나

중에는 싫다는 생각이 없어질 것이지만, 처음에는 악천후로 인해서든 그냥 싫어서든 억지로 무리해서 나가면 그 자체가 고통이 된다. 그렇게 하면 산책 자체가 점점 싫어질 수도 있다.

여성의 경우 너무 어두운 길을 걷는 것은 위험하므로 겨울에는 산책 시각을 조금 뒤로 늦추는 것이 좋을 것이다. 그러나 기상 시각까지 늦춰서는 안 된다. 계절에 상관없이 정해놓은 시각에 일어나야 한다. 바깥이 아직 어둑어둑하면 밝아질 때까지 자신이 좋아하는 취미활동 같은 것을 하면서 보내도록 하자.

LET'S GO

- 아침 운동으로는 산책이 가장 이상적이다.
- 산책 시간은 30분 이상 1시간 이내가 적당하다.

11주
산책을
최대한 활용하라

☀ 산책 코스를 정하는 즐거움

걷는 속도에는 개인차가 있다. 산책을 자주 하다 보면 너무 천천히도 너무 빠르지도 않은, 자신에게 맞는 속도를 체득하게 될 것이다. 산책을 처음 나서다 보면 미처 재미를 붙이지 못해 얼마 동안은 아무래도 잰걸음으로 걷기 쉽다. 그렇다고 뛰는 걸음에 가까울 정도로 빠르면 오히려 피곤해져서 역효과가 난다. 자신에게 맞는 걸음 속도가 만들어지면 여러 가지 생각도 할 수 있고, 저절로 주위의 광경에도 관심이 가게 된다.

아침 산책은 몸 전체의 세포를 활성화하고, 마음에 상쾌함을 불어넣는 것이 목적이다. 우선 2~3킬로미터 정도 거리의 코스를 잡고, 시간적으로는 30분 정도를 기준으로 정해 매일 같은 코스를 걷는 것이 좋다. 그것도 한 바퀴 도는 코스가 아니라, 왕복 코스가 바람직하다.

예를 들어 집 근처에 있는 성당이라든가 절, 또는 강이나 연못, 공원, 교회 등 무엇이든지 좋다. 여하튼 왕복 2~3킬로미터가 될 만한 곳에 목표점을 정하고, 그곳까지 매일 아침 갔다가 돌아오는 것이다.

걷는 것은 인간에게 가장 기본적인 동작 중 하나다. 그것이 원활하게 이루어지느냐 아니냐가 컨디션의 척도가 된다. 같은 코스를 매일 걸으면 그날 자신의 컨디션을 파악하기 쉽다.

예를 들어 정해진 코스를 항상 거뜬히 걸을 수 있었는데, 그날은 이상하게 숨이 가쁘다거나, 특별한 이유 없이 시간이 더 걸렸거나 하면 몸 상태의 변화가 생겼다는 것을 알기 쉬울 것이다.

왕복 코스로 하는 이유도, 갈 때는 조금 벅찼지만 돌아올 때는 편안하게 걸을 수 있으므로 1회의 산책에 변화가 있는 구분을 줄 수 있기 때문이다. 이렇게 하면 아침 산책을 '전반'과 '후반'으로 나눠 각각 다른 역할을 부여할 수 있다.

☀ 하루의 스케줄을 프로그래밍한다

나의 경우, 산책의 전반에는 그날 하루 잡혀 있는 스케줄을 확인하면서 걷는다. 오전, 오후, 밤에 내가 해야 할 일, 그 목적을 확인한다. 그리고 후반에는 그 스케줄에 맞춰 내가 어떤 것을 처리해나가야 하는지 방향을 결정한다.

예를 들면, 산책하면서 처음 전반부에서는 '오늘은 ○시에 ○○건으로 ○○○씨를 만난다. 공식적인 미팅이니까 복장은 검은 양복을 입어야지. 자료를 잊지 말고 지참할 것' 식으로 확인 작업을 해나간다. 이 확인 작업을 마음속으로만 해두면 잊어버리거나 헷갈리기 때문에 반드시 메모장을 지참한다. 나는 이 메모장을 '실천 노트'라 이름 붙였다.

노트의 한 페이지를 아침, 점심, 밤으로 구분해서 그날

해야만 하는 일, 꼭 만나야 하는 사람, 만났을 때 해야 할 말, 해야 할 일을 각각 메모해나간다. 이것은 누구에게 보이기 위한 것이 아니기 때문에 자신이 확인할 수 있게 메모하면 된다.

그리고 나머지 산책의 후반부에는 그 실천 노트를 보면서 'ㅇㅇㅇ씨를 만나면 반드시 이것만큼은 말해둬야지'라는 식으로, 하려고 했던 일의 구체적인 실행 방법을 다시금 떠올려본다.

결국 이른 아침의 산책이란 하루의 스케줄을 프로그래밍하고, 그날 해야만 하는 일에 대해 결단을 내려두기 위한 시간이기도 하다. 이 부분이 보통의 산책과는 다른 점이다. 낮에도 실천 노트는 항상 휴대하고, 한 가지의 스케줄을 실행할 때마다 지워나간다. 그렇게 하면 저녁에는 자신이 그날의 스케줄을 완수했는지를 확인할 수 있다. 다 못 끝낸 일이 있는 날에는 그 일에 대해 반성하고, 그와 동시에 남은 일을 언제 완수할지 살펴보고 계획해본다. 예정이 잡혀 있는 일이라면 잊지 않도록 실천 노트의 해당 날짜에 기입해둔다.

비나 눈이 내리는 날 산책할 때는 이렇게 노트에 메모하기가 쉽지 않다. 그렇지만 확인하는 게 목적이므로 다른 종이에 해독할 수 있을 정도로만 메모를 해서, 집으로 돌아와 다시 실천 노트에 옮겨 적는다. 아니면 스마트폰을 이용해 메모를 할 수도 있을 것이다. 그렇지만 그저 생각만 하고 메모는 집에 돌아와 쓰려고 하면 반드시 놓쳐버리는 실수가 생긴다. 컴퓨터와 달리 인간의 뇌는 망각하게 만들어져 있기 때문이다.

☀ 산책 효과를 배가시키는 체조와 호흡

산책에서 돌아올 즈음에는 무척 상쾌하고, 왠지 손발을 움직이고 싶다는 기분이 들 것이다. 등줄기를 쭉 펴보기도 하고 팔을 돌려보기도 하면 약간 움직이기만 해도 몸이 가벼워진 듯한 느낌이 든다.

그래서 이른 아침의 산책을 마친 뒤에 체조를 하면 효과가 배로 증대될 것이다.

체조라고 해서 대단하게 생각할 것은 아니다. 간단한 요가도 좋은데, 어려운 포즈를 취할 필요는 전혀 없다. 라디

오에서 흘러나오는 음악 리듬에 맞춰 흉내를 내는 정도로
도 충분하다.

또한 자율신경을 보다 활발하게 만들기 위해서는 호흡
법도 중요하다. 처음에는 10분 정도, 근육을 긴장시키면서
숨을 들이쉬고, 힘을 빼면서 숨을 내뱉는 식으로 몸과 함께
하는 방법이 좋다.

LET'S GO

- 산책 코스는 한 바퀴 코스가 아닌 왕복 코스로 선택하라.
- 하루의 계획을 세우는 등 자신에게 맞는 산책 시간 활용 방법을
  정하라.

12주

체조와 요가를
병행하라

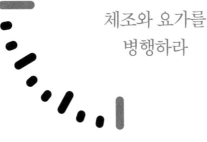

☀ 무리하지 않는 것이 중요하다

이른 아침에 체조를 할 때는 벨트나 브래지어처럼 몸을 조이는 것, 또는 시계나 장신구 같은 것은 풀어놓고 하는 게 좋다. 장소는 1평 정도의 공간만 있으면 충분하지만, 좀 더 넓으면 넉넉하게 할 수 있어 여유롭다. 직사광선이 닿지 않는 장소면 더욱 좋다.

이른 아침에 산책을 할 경우에는 산책이 끝나고 나서 하는 것이 좋고, 산책을 하지 않은 경우에는 기상 후 적어도

30분 이상이 지난 다음에 하도록 한다. 일어나자마자 하면 뼈도 굳어 있고 신경도 깨어 있지 않아 몸에 무리를 줄 수 있기 때문이다.

또한 아침 일찍 체조를 할 때는 공복 상태가 좋다. 식후 2시간 이내는 피한다. 여성의 경우, 생리를 시작한 직후나 심한 생리통이 있을 때는 피한다. 목욕 직전과 직후의 30분도 피하는 것이 좋다.

특히 체조가 끝난 뒤 심장이 크게 뛰고 있는데 그대로 탕에 몸을 담그면 심장에 부담을 주게 된다. 또한 목욕 직후에는 혈액순환이 잘되어 몸이 유연해져 있기 때문에 그 상태로 체조를 하면 근육에 무리가 가해질 수 있다.

☀ 요가의 자세에서 배운다

인간의 몸동작은 쭉 펴고, 돌리고, 벌리고, 뒤로 젖히고, 쉬는 다섯 가지의 요소가 있다. 이들의 동작이 뇌에 적당한 자극이 되어 그 기능을 활성화시킨다. 한 가지씩 간략하게 살펴보자.

양손을 위로 올리고 등줄기를 힘껏 쭉 펴는 동작은 그것만으로도 몸 전체가 산뜻해지는 효과가 있다.

팔이나 허리 등을 돌리는 동작은 대장, 소장을 중심으로 내장을 자극하게 된다. 장의 연동이 활발해져 배변을 촉진한다. 요즘 만성변비에 시달리는 사람이 많은데, 매일 쾌적한 배변은 건강의 필수조건이다.

양손을 있는 힘껏 쫙 벌리고 상반신을 펴는 동작은 두뇌를 각성시켜 마음을 안정시키는 작용을 한다. 기분 전환에 좋고 두통에도 효과가 있다.

몸을 뒤로 젖히는 동작은 간뇌*를 자극하기 때문에 기억력이 활발해진다.

최근에 척추가 변형되어 있는 사람이 꽤 있고, 게다가 스스로 전혀 눈치를 채지 못하고 있는 경우가 많다. 척추와 뇌는 밀접하게 이어져 있어서, 척추의 변형은 뇌에 직접적인 영향을 미친다. 윗몸을 뒤로 젖히는 운동은 척추 교정 외에 치질에도 효과가 있다.

---

* 대뇌와 소뇌 사이에 존재하는 작은 뇌로, 내장과 혈관의 활동을 조절하는 기관.

인간은 원래 네 발로 걷다가 두 발로 보행하게 되었다. 무거운 머리를 직립보행으로 지탱하고 있는 이상, 어깨가 결리는 것은 당연하다. 그렇다면 인간에게 가장 부담이 되지 않는 자세란 무엇일까? 그것은 누워 잘 때의 자세이다.

요가에서 말하는 '편안한 자세'라는 것을 살펴보면 다음과 같다.

① 눈을 감고, 천장을 보고 누워서 양손을 벌려 몸에서 20~30센티미터 떨어뜨리고 손바닥을 위로 향하도록 한 뒤 양다리를 30~45도로 벌린다.

② 숨을 들이쉬면서 양팔과 양다리를 바닥에서 20센티미터 정도 들어올리고 숨을 멈췄다가 발끝, 무릎, 대퇴, 허리, 가슴, 양손의 순서로 전신을 긴장시킨다.

③ 숨을 내뱉으면서 온몸의 힘을 단번에 빼어 완전히 이완시킨다. 눈을 살짝 감은 채로 입을 반쯤 벌려 자연 호흡을 하며 3~5분간 멈춘다.

온몸의 신경과 근육을 완전히 쉬게 함으로써 자율신경의 균형을 좋게 만드는 방법이다.

이런 자세를 10분만 하면 2~3시간의 수면 효과를, 30분 정도를 하면 하룻밤에 필적하는 수면 효과를 볼 수 있다고 한다.

LET'S GO

- 체조는 산책 직후나 기상 30분 후에 하고, 체조 후 곧바로 목욕하지 말라.
- 자신에게 맞는 간단한 체조나 요가를 개발하라.

13주

아침의 뇌를
자극하라

☀ 아침에 두뇌를 활발하게 하기 위해서는

호르몬 중에는 성장호르몬처럼 자지 않으면 분비되지 않는 것과 수면에 관계없이 안정된 리듬으로 분비되는 것이 있다. 부신수질*에서 분비되는 아드레날린과 피질에서 분비되는 코르티 코이드(부신피질 호르몬)는 후자의 예이다.

이 두 가지 호르몬은 새벽부터 점점 분비량이 증가하여,

---

* 부신(곁콩팥)의 중앙부를 이루고 있는 내분비 조직↔피질.

오전 7시에서 8시 사이에는 최고점에 도달한다. 이 두 가지는 상호작용을 함으로써 정신과 육체의 양쪽 활동을 활발하게 만든다. 이는 오전 7시부터 8시까지가 두뇌가 가장 맑은 상태가 되어 있다는 것을 뜻한다. 아침에 두뇌를 활발하게 하는 방법으로 여러 가지가 활용되고 있지만 교토대학의 명예교수인 오시마 기요시가 제시하는 다음 방법을 참고해보기 바란다.

① **일어나면 바로 하루의 계획을 세운다:** 잠에서 깨면 이불 속에서 꼼지락거리지 말고, 얼른 일어나 의식을 바꾸기 위해 이불 위에서 오늘 하루의 일정을 수첩이나 핸드폰 메모장에 적는다. 이렇게 함으로써 조금이라도 손가락을 사용하게 되면 대뇌에 직접 자극을 주게 된다. 게다가 오늘 해야만 하는 일을 떠올림으로써 뇌신경 회로망의 활동도 활성화된다. 아침에 눈으로 얻은 정보는 뇌에 깊이 각인된다.

② **몸을 마찰시켜 의식을 깨운다:** 이불에서 나오면 바로 마른 수건으로 몸을 훑어서 마찰시킨다. 이것은 뇌에 충분한 혈액을 보내기 위함이다. 피부는 제2의 뇌라

고 일컬어질 정도로 대뇌와 밀접한 관계에 있기 때문에 그런 면에서도 자극이 된다.

③ **왼손으로 칫솔을 잡는다(오른손잡이의 경우):** 여느 때와는 다른 손으로 이를 닦음으로써 자주 사용하지 않는 근육을 의식적으로 움직여준다. 이것은 우뇌와 좌뇌의 균형을 잡아 뇌를 전체적으로 활성화시키는 데 효과가 있다.

④ **당분을 조금 많은 듯하게 섭취한다:** 특히 전날의 피로가 충분히 가시지 않았을 때에 효과적이다. 당분은 혈당치를 높이는 작용을 한다. 뇌는 에너지원을 포도당에만 의존하고 있기 때문에 일어나자마자 적절한 당분을 보충해주면 뇌의 활동을 촉진하는 데 도움이 된다.

⑤ **'오늘은 무엇을 입을까'와 같은, 자신을 꾸미는 일을 생각한다:** 한 가지라도 자신을 꾸미면 다른 사람의 이목을 신경 쓰게 된다. 이것이 마음에 활기를 불어넣고, 더 나아가서는 상상력과 발상을 풍부하게 해준다. 게다가 다른 사람이 나를 지켜보고 있다는 의식을 갖게 되면 자연히 얼굴이 팽팽하게 조여져 보기 좋은 얼굴이 되어간다.

아침에 효과적인 지압요법을 간단히 소개하겠다.

아침에 눈을 떴을 때 발의 삼리혈(三里穴: 종지뼈 아래 바깥쪽의 오목한 곳)과 손바닥의 합곡(合谷: 한방에서 침을 놓는 자리의 하나로 엄지손가락과 집게손가락과의 사이)을 눌러주면 머리가 맑아지고 잠이 달아난다. 발의 삼리혈은 심장에 직결되어 있는 경혈로, 아침에 여기를 자극하면 신선한 혈액이 뇌로 보내지기 때문에 두뇌 활동은 물론 전신을 활성화시킨다. 합곡은 감기에 잘 듣는 급소로, 여기를 자극하면 코막힘도 뚫린다.

여성이라면 발의 삼음교(三陰交)도 좋다. 여기는 생리 시의 균형을 조절하는 효과가 있다.

한편, 자기 전에 효과적인 지압법으로는 등허리의 신유(腎兪)라는 곳을 누르는 것이다. 여기를 자극하면 내장 전체의 긴장을 풀어준다. 내장이 안정되면 심장도 안정되어 잠자는 데 적합한 조건을 만들어준다.

냉증으로 좀처럼 잠들지 못하는 사람에게는 역시 등에 있는 지실(志室)을 자극해주면 효과적이다. 여기는 허리부

수면 전후에 효과적인 지압요법의 급소

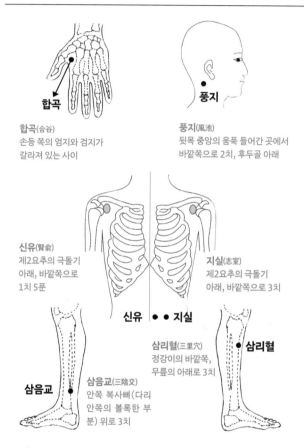

합곡(合谷)
손등 쪽의 엄지와 검지가
갈라져 있는 사이

풍지(風池)
뒷목 중앙의 움푹 들어간 곳에서
바깥쪽으로 2치, 후두골 아래

신유(腎俞)
제2요추의 극돌기
아래, 바깥쪽으로
1치 5푼

지실(志室)
제2요추의 극돌기
아래, 바깥쪽으로 3치

삼리혈(三里穴)
정강이의 바깥쪽,
무릎의 아래로 3치

삼음교(三陰交)
안쪽 복사뼈(다리
안쪽의 볼록한 부
분) 위로 3치

(1치=그 사람의 엄지손가락의 가로 길이, 1푼=1치의 10분의 1)

터 그 아래의 혈액의 순환을 안정시키는 작용이 있다. 목부
터 어깨까지가 피로한 사람, 특히 눈을 많이 사용하는 일을
하는 사람은 자기 전에 풍지(風池)를 자극해주면 피로가 누
그러져서 잠이 잘 온다.

이상의 수면과 관련된 지압요법의 급소를 나타낸 앞의
그림을 참고하기 바란다.

☀ 피부는 뇌의 친척

교토대학의 오시마 교수는 '피부는 얇은 막의 뇌'라고 말한
다. 피부에는 눈, 귀, 코, 입, 항문과 같은 구멍이 나 있다.

이들 구멍은 입에서 항문까지 이르는 소화관(消化管), 코
와 눈을 이어주는 비누관(鼻淚管), 귀와 입의 사이에 있는
이관(耳管), 기관과 식도를 이어주는 인후두(咽喉頭) 등을
사이에 두고 모두 서로 연결되어 있다. 따라서 한 가지 변
화가 일면 그 영향이 다른 데도 미치게 된다.

피부나 점막도 원래는 외배엽(外胚葉)에서 발달한 것이
다. 외배엽이란 발생 초기 수정란의 바깥쪽을 형성하고

있는 세포의 층으로, 뇌도 여기서 만들어진다. 엄마 뱃속의 태아가 발육해나가는 단계에서, 뇌는 외배엽이 몸 안으로 들어가면서 형성된다. 결국 피부와 뇌는 아주 가까운 친척뻘 되는 셈이다. 따라서 피부를 자극해주면 뇌가 활성화된다.

피부감각을 비롯한 오감에 의해 상쾌함을 얻을수록 인간의 감성은 발달한다. 그래서 뇌의 기능을 강화하기 위해서는 스스로 생각하고 발견해내는 일이 중요하다. 자신의 눈으로 보고, 자신의 귀로 듣고, 자신의 혀로 맛을 보고, 자신의 코로 냄새를 맡고, 자신의 피부로 만져보고, 확인해보아야 한다.

"오감을 모두 이용하여 자연스럽게 대화하는 것이 중요하다."

오시마 교수에 따르면, 인간의 오감 중에서 피부감각이 가장 빨리 만들어진다고 한다. 피부는 외부로부터 어떤 메시지가 들어오기 가장 쉬운 곳이다. 피부에는 무수히 많은 리셉터*라 불리는 정보수용처가 있고, 그곳을 자극하면 즉

* 수용 기관. 생물체 내에서 자극을 수용하는 기관이나 세포 등.

시 뇌에 자극이 간다. 사람 간의 접촉에서 스킨십을 중시하는 것도 그 때문이나. '삼각의 수용처'로서의 피부를 아침에 자극해주면 두뇌 활동을 활발하게 한다. 가장 좋은 방법은 더운 물 샤워라고 할 수 있다. 산책 후의 샤워는 그래서 자연스러운 수순이다.

LET'S GO

- 책에 소개한 지압법을 숙지하고 잠들기 전과 깨어난 후 활용하라.
- 아침 샤워를 할 때 피부를 충분히 자극시켜라.

14주
온 가족을
동참시켜라

☀ 아침형가족을 목표로 삼자

아침형인간으로 가는 훈련, 또는 일찍 일어나기 건강법의
실천은 혼자서 하는 것보다 그룹으로 하는 쪽이 성공하기
쉽다. 서로 격려도 해주고, 또 경쟁심이 일어나기도 하여
상승효과를 기대할 수 있다.

통상적으로 수면이나 기상은 가정에서 일어나는 일인지
라, 일찍 자고 일찍 일어나기는 가족 모두가 함께 실천하는
것이 좋다. 온 가족이 아침형인간이 되는 것이다.

일찍 일어날 수 있는지 어떤지는 그 가족의 습관에 따라 달라진다. 예전에는 보통의 직장인 가정이라면 아침 일찍 출근하는 아버지에 맞춰 아침 시간이 형성되었다. 아버지에 맞춰 아침 식사를 함께하고, 온 식구의 배웅을 받으며 출근하고, 남은 가족은 아이의 등교를 준비하는 것이 일반적인 풍경이었다. 하지만 세태도 많이 달라졌고, 지금은 가족 구성원의 생활 패턴에 따라 기상 시각도 각자 단독적으로 하는 경우가 더 많을 것이다.

어쨌거나 '아침형가족'이 되기 위해서는 부모의 실천이 중요하다. 아이는 부모를 보며 자연스럽게 따라 할 것이다. 이를 위해 부부 중 한 사람이라도 아침형 생활을 실천해보기로 마음먹었다면 배우자도 잘 설득하여 함께 변화의 시작을 만들어보도록 하자.

☀ 아침형가정의 아이는 성적도 좋다

어릴 때 부모님에게 질리도록 듣는 말 중의 하나가 "일찍 자고 일찍 일어나야지"라는 말일 것이다. 어린 생각에 이유는 몰랐지만, 어쨌거나 일찍 자고 일찍 일어나는 아이는 '착한 어린이'와 동일한 의미로 각인되었다.

하지만 요즘은 부모가 나서서 밤늦게까지 아이의 공부를 독려하는 가정이 많은 모양이다. 일본 문부성이 실시한 가정의식조사에 따르면, 가족이 모두 일찍 일어나는 가정의 아이 중에 성적이 우수한 아이가 많다는 결과가 있다. 저녁보다 아침에 일찍 일어나서 숙제를 하는 아이가 더 집중력이 있고, 성적도 좋다는 교사들의 증언도 따르고 있다.

아침형 아이들이 단지 성적이 좋다는 것만으로 그 생활을 권할 마음은 없다. 하지만 그들은 대개 성적뿐 아니라 성격이 밝고 대인관계도 원활하며 리더십도 강한 것으로 나타난다.

진정으로 자녀의 행복한 삶을 바란다면 이른 아침 온 가족이 함께 하루를 시작하는 것이 필요하다.

온 가족이 모두 일찍 일어나서 함께 산책하고, 체조도 하고, 또 모두 모여 여유로운 아침 식사를 하는 그것만으로도 얼마나 행복한 일인가?

☀ 무턱대고 깨우지 말라

아이가 일찍 자고 일찍 일어나기를 바란다면, 우선 부모가 그 가치와 목적을 아이에게 설명하고 마음으로부터 동의를 구해야 한다. 강압적으로 일찍 일어나라고 요구하는 것은 금물이다. 무엇보다도 자식이 자신의 의지로 차츰차츰 일찍 일어나는 습관을 들이는 게 중요하다. 공부든, 운동이든, 취미든 억지로 하는 것은 몸에 배지 않을뿐더러 효과도 없다.

무턱대고 일찍 깨우면, 특히 성장기의 어린이는 성장호르몬의 분비가 부족해 성장이 늦거나 체격이 왜소해질 수 있다.

옛날 아이들은 낮에 신나게 돌아다니며 놀아서 그런지, 저녁이면 지쳐서 숟가락을 든 채 잠이 드는 아이도 있었다. 요즘의 아이들은 몸을 별로 움직이지 않는 데다가 늦은 저녁까지 학원에 다니거나 컴퓨터 게임에 빠져 있기 때문에, 밤이 깊었는데도 자연스럽게 잠들지 않는다. 그러다 보니 비만 아동도 늘고 있다.

쉽게 잠들지 않는 아이를 무턱대고 일찍 깨우기만 한다

고 될 일인가. 그러니 지금까지 이 책에서 설명한 것처럼 '잘 잠들기'부터 부모가 유도해야 한다.

구체적인 방법은 이제까지의 과정을 참고로 생각하면 될 것이다. 다만 중요한 것은 반드시 부모가 함께해야 한다는 것이다. 부모가 밤늦게까지 TV나 핸드폰을 보면서 아이에게만 자라고 윽박질러서야 성공할 수 없다. 그러니 부모부터 아침형인간이 되는 것이 중요하다.

☀ 이상적인 가정을 꿈꾼다면

자식을 아침형으로 만들기 위해서는 단순히 일찍 일어나는 것에 중점을 둘 게 아니라, 아침에 일어나서 무엇을 할 것인지, 목적을 부여하는 것이 중요하다. 밤늦게까지 안 자는 아이는 뚜렷한 목적의식이 없는 경우가 많다.

우리 집의 경우는 내 직업적인 사정도 있고 해서 아내가 필연적으로 아침형인간이 될 수밖에 없었다. 아내가 매일 아침 5시 30분쯤에 일어나자 당시 어렸던 딸도 6시에는 일어났다. 그러다가 아들 녀석도 덩달아 일찍 일어나게 되었고, 결국 우리 가족 모두는 아침형인간이 되어 있었다.

아내와 아이들이 일찍 일어나기의 의의를 알게 된 것은, 이미 일찍 일어나기가 일상의 습관으로 정착되고 나서다. 그만큼 거부감 없이 받아들여졌다고 생각한다.

돌이켜보건대, 그동안 평생 살면서 가족 구성원에게 적지 않은 어려운 일들이 있었지만 그간 슬기롭게 대처해왔던 것 같다. 아침 시간은 소중한 가족의 대화 시간이 되었고, 가족들은 그 시간을 통해 자신의 고민을 털어놓고 해결책을 다 함께 찾아보곤 했다.

또, 나는 가족 한 사람 한 사람이 자신에게 큰 어려움이 닥쳤을 때 이를 해결하기 위해 적극적으로 부딪혀 어떻게든 극복해가는 과정을 일상적인 가족의 생활 속에서 지켜볼 수 있어 매우 의미가 있었다.

지난날 딸아이는 대입 시험을 앞두고 초조함이 심해져 자주 짜증을 내고 힘들어하는 기색을 보였다. 부모로서 안타깝고 가슴 아팠지만 결국 딸아이는 스스로 마음의 균형을 찾아나갔다. 아침에 일찍 일어나면 중학교 때부터 배운 붓글씨를 쓰면서 자신의 마음을 가다듬는 듯하더니, 이후 몰라보게 평상심을 회복해갔다. 성숙해가는 것이란 이런 걸 말하는 것이 아닐까? 나는 저절로 성숙해가는 딸아이를 보며 아침형인간의 진정한 힘을 깨달았다.

그리고 우리 가족은 집안에 닥친 위기나 문제에 대해서도 모두가 똘똘 뭉치는 모습을 보여주었다.

이상적인 가정이란, 부모와 자식이 함께하고, 가정에서 마음을 편안하게 안정시킬 수 있고, 무슨 일이든 가족끼리 의논하고, 가족 간에 무엇이든지 할 수 있다고 서로 격려해줄 수 있는 가정이 아닐까 생각해본다.

고생한 하루를 격려하고 잠자리에 들어 휴식을 취하는 것도 함께하고, 눈부신 아침을 맞이하는 것도 함께하며, 모두가 식탁에 둘러앉아 항상 웃음이 끊이지 않는 그런 가정을 원하는가? 그렇다면 지금 이 책을 읽고 있는 당신의 하루가, 당신의 아침이 먼저 바뀌어야 한다.

LET'S GO

- 아이들을 억지로 동참시키지 말고, 부부가 먼저 충분히 행동으로 보여주어라.
- 당신이 지금까지 실행해온 과정을 배우자와 자녀에게 전파하라.

☀

실천할 때 비로소 완성되는 아침형인간

자연은 인간에게 하루 24시간 이상을 주지 않는다. 그리고 그것은 누구에게나 동등하다. 사람에게 고루 공평하게 나누어지는 자원은 시간이 유일하다. 권력이나 돈으로도 타인의 시간을 뺏을 수 없다.

그래서 시간을 잘 경영하는 사람만이 인생을 다스릴 수 있고 성공적인 삶을 이룰 수 있다. 하지만 우리 자신을 한번 돌아보라.

그 소중한 시간이 얼마나 허비되고 있는가? 또 얼마나 무의미하게 버려지고 있는가? 성공한 이들을 보라. 그들은 얼마나 시간을 잘게 쪼개고 또 선택하면서 활용하고 있는가?

당신에게는 지금 천금을 주고도 바꿀 수 없는 시간이라는 자원이 이미 주어져 있다. 그것으로 행복한 삶을 일구는 것도, 실패하는 삶을 선택하는 것도 당신의 몫이다. 그리고 행복한 삶을 바란다면 당장 내일 아침부터 바뀌어야 한다. 그것이 시작이다. 이 책의 마지막까지 온 당신, 혹시 그런 생각을 하고 있지는 않을지 모르겠다.

우선은 너무나 당연하고 뻔한 이야기를 굳이 길게 강조할 필요가 있었나 하는 생각이 들었을지도 모른다. 하지만 그 '너무나 당연하고 뻔한' 진리를 왜 아직 실천에 옮기지 못했는지 자신을 돌이켜보아야 할 것이다.

모든 진리는 단순하고 평범하다. 다만 그것을 자기 것으로 만드는 사람과 그렇지 않은 사람에게서 나타나는 결과가 단순하지 않고 평범하지 않을 따름이다.

또 한편으로는 실천 내용이 너무 쉽고 간단해서 '이 정도면 언제든지 할 수 있다'고 생각할지도 모르겠다. 그러나 잊어서는 안 되는 것이 있다. '할 수 있을 것 같아'라고 느끼는 것과 '해냈다'고 말하는 것은 전혀 다르다는 것이다.

야행성 생활은 중독성이 강하다. 늦으면 늦을수록 돌아오기 힘들다. 지금 자신을 돌아보고, 곧 실천에 옮겨야 한다. 어쩌면 지금이 가장 절묘한 타이밍일지도 모른다.

당신의 눈부신 내일을 응원하며

사이쇼 히로시

아침형인간

20주년 특별판

초판 1쇄 발행 | 2003년 10월 6일
초판 45쇄 발행 | 2019년 10월 11일
개정판 1쇄 발행 | 2021년 10월 20일

지은이 사이쇼 히로시
옮긴이 최현숙
펴낸이 김기옥

경제경영팀장 모민원
기획 편집 변호이, 박지선
커뮤니케이션 플래너 박진모
경영지원 고광현, 임민진
제작 김형식

디자인 형태와내용사이
인쇄 · 제본 민언프린텍

펴낸곳 한스미디어(한즈미디어(주))
주소 121-839 서울시 마포구 서교동 양화로 11길 13(서교동, 강원빌딩 5층)
전화 02-707-0337 | 팩스 02-707-0198 | 홈페이지 www.hansmedia.com
출판신고번호 제313-2003-227호 | 신고일자 2003년 6월 25일

ISBN 979-11-6007-738-4 13320

책값은 뒤표지에 있습니다.
잘못 만들어진 책은 구입하신 서점에서 교환해드립니다.

본문 이미지는 iStock 유료 이미지를 사용했습니다.